呼吸·制胜

优化运动表现的呼吸技巧和策略

[美] 哈维·马丁（Harvey Martin） 著

汪敏加、罗山娇 译

人民邮电出版社

北京

图书在版编目（CIP）数据

呼吸制胜：优化运动表现的呼吸技巧和策略 /（美）哈维·马丁（Harvey Martin）著；汪敏加，罗山娇译. -- 北京：人民邮电出版社，2024.11
ISBN 978-7-115-64468-8

Ⅰ. ①呼… Ⅱ. ①哈… ②汪… ③罗… Ⅲ. ①健身运动—呼吸方法 Ⅳ. ①G883②G819

中国国家版本馆 CIP 数据核字 (2024) 第 103248 号

免责声明

　　本书内容旨在为大众提供有用的信息。所有材料（包括文本、图形和图像）仅供参考，不能用于对特定疾病或症状的医疗诊断、建议或治疗。所有读者在针对任何一般性或特定的健康问题开始某项锻炼之前，均应向专业的医疗保健机构或医生进行咨询。作者和出版商都已尽可能确保本书技术上的准确性以及合理性，且并不特别推荐任何治疗方法、方案、建议或本书中的其他信息，并特别声明，不会承担由于使用本出版物中的材料而遭受的任何损伤所直接或间接产生的与个人或团体相关的一切责任、损失或风险。

内 容 提 要

　　本书共分为 2 部分，第 1 部分主要讲解呼吸觉知，包括呼吸觉知的基础、呼吸的解剖学和生理学、运动表现与呼吸的关系，以及情绪与呼吸的关系；第 2 部分重点介绍呼吸练习，作者提供了呼吸热身及其评测、氧合练习和强化练习等练习。读者进行上述练习，可以集中注意力、放松身体、控制情绪和最大限度地发挥潜能。本书适合运动员阅读，可以帮助他们通过呼吸练习来提高运动表现；同时也适合那些希望提高注意力、提高学习效率、管理情绪，以及实现个人目标的读者阅读。

◆ 著　　　[美] 哈维·马丁（Harvey Martin）
　　译　　　汪敏加　罗山娇
　　责任编辑　刘日红
　　责任印制　彭志环
◆ 人民邮电出版社出版发行　　北京市丰台区成寿寺路 11 号
　　邮编　100164　　电子邮件　315@ptpress.com.cn
　　网址　https://www.ptpress.com.cn
　　北京虎彩文化传播有限公司印刷
◆ 开本：700×1000　1/16
　　印张：13.75　　　　　　　　2024 年 11 月第 1 版
　　字数：231 千字　　　　　　2025 年 5 月北京第 4 次印刷
　　著作权合同登记号　图字：01-2023-3327 号

定价：78.00 元
读者服务热线：(010)81055296　印装质量热线：(010)81055316
反盗版热线：(010)81055315

献给我亲爱的父亲吉姆（Jim）和母亲卡伦（Karen），他们一直与我同行，默默支持着我追求生活中的激情和好奇心。还有，我的挚爱切尔茜（Chelsea）——她在我人生旅途的每一步都支持着我，始终是我真诚、持久的灵感来源。

——爱你们的哈维（Harvey）

目录

序

从历史上看，体育运动中的心理技术难以研究和量化。然而，大量的研究证明，呼吸、冥想及热／冷模式可以提升运动表现、减轻压力、使人的思维更清晰，这些都是调节能量或减缓肾上腺素激增的方法。虽然研究证实了呼吸训练的科学性，但它作为一种运动技巧却被低估了。

寻找心理技术教练是一项挑战。虽然哈维不是传统意义上的心理技术教练，但他是一位喜欢创新并且有着新鲜视角的思考者。作为俱乐部的优秀教练和工作人员，他还是一位很好的倾听者。在哈维开始进行训练、教学或信息分享之前，他首先选择倾听。他倾听运动员的需求，了解他们需要什么样的支持以取得卓越的表现。

哈维是一位要求以循证为基础的教练，在要求运动员改变他们的常规训练方式时，讲究证据是很重要的。他知道那种变化背后有一定的依据，而不只是"嘿，我认为这可能有效"。他为球员提供的建议均是基于研究的发现，而不是来自简单的试错。在棒球等体育领域很容易找到优质的内容，但很难找到传递这些内容的方法，而哈维在这方面有着独特的能力。

我们非常高兴有他在身边。

美国职业棒球大联盟旧金山巨人队总经理　盖布·卡普勒（Gabe Kapler）

前言

2015 年 12 月初，我因运动员和教练所谓的"易普症"（Yips）被解雇，离开了职业棒球队。"Yips"是指一种类似于轻微恐慌发作的感觉，出现在执行某个动作时。我的"Yips"发生在投掷棒球的时候，作为一名投手，这并不是一个愉快、积极的经历。每当拿起球来投掷时，我会感到僵硬、紧张和沉重。结果是球投得乱七八糟，这导致了我的混乱和沮丧。然而，"Yips"并不只是存在于棒球领域，还可能出现在其他运动和活动中，如篮球罚球、高尔夫球推杆，甚至是试音时。在它发作时，运动和思维能力突然间像被冻结了一样。

和许多突然结束职业生涯的运动员一样，我感到迷茫。由于美国职业棒球小联盟无法提供足够的财务支持，我搬到了明尼苏达州，几年前我曾在那里上大学并打棒球。我无法支付房租，但我有一个朋友，他的储藏室里正好能容纳一张床垫。在接下来的一年多时间里，我把这个小储藏室当成了家，慢慢开始重新拾起信心，转变职业方向，努力创造新的生活。当时，我感到困惑、沮丧和迷失，因为我一生的梦想突然破灭，我生平第一次感到没有了明确的目标。除此之外，每年我都会患上链球菌性咽峡炎，经常出现鼻塞、晚上睡觉时口干、夜间频繁小便等情况。在失眠和绝望的日子里，我成了一个失去身份认同的前运动员，同时还要与慢性疾病作斗争。

然而，让我没有想到的是，在离开运动队几个月后，我的生活发生了改变。我遇到了一位瑜伽师，开始了为期 16 周的冥想训练，还尝试冷水淋浴——这是在现代运动项目中极少推荐的将两者结合的方式。我得到的指引很简单：回归自然，深呼吸。我的目标是学习呼吸和控制思维，并改善健康，这也是瑜伽师所教导的。经过 16 周的呼吸训练，最终考验是将我所学和所练的一切应用到我最恐惧的一个场景中——在大自然中面对深水水域和极度寒冷的环境。

在这个过程中，我了解到大多数人的呼吸是垂直进行的，主要使用辅助呼吸肌（颈部、肩膀和上胸部的肌肉），从而压迫了迷走神经。迷走神经在本书后半部分会有更详细的讨论，它对激活副交感神经系统起着至关重要的作用；副交感神经系统控制着人的自主功能，它参与休息和消化过程，也影响血压和心率。以上这些对运动员获得健康的适应能力至关重要，而不良的呼吸方式会导致持续的焦虑状态，进而影响运动员适应压力，以及恢复身体机能与集中精神的能力。经过这个过程的训练，我发现自己是一个垂直呼吸者。

对于现代运动员来说，学会运用身体腹部的肌肉控制呼吸，而不是运用上胸部和颈部的肌肉控制呼吸，是至关重要的。这不仅可以通过创造核心稳定性来提高动力输出，而且还能让大脑跟随平稳的呼吸节奏运转。你的大脑不断监视你的呼吸方式，并时刻传递信息。例如，当你焦虑或运动时，呼吸会加快；而当你睡觉时，呼吸则会变缓。

这对运动员来说为什么重要呢？呼吸是大脑功能的基础，控制着神经系统的状态。如果你发现自己长期过度呼吸，呼吸急促而浅，你的大脑将关闭某些重要的功能，如控制运动和清晰思考。当我开始理解这一点时，我意识到自己的焦虑和无法投掷棒球是由于对自己的呼吸方式缺乏意识。在开始做呼吸训练时，我需要学习如何运用膈肌来控制呼吸的机制；不久后，我学会了以挺直脊柱的中立位缓慢呼吸。通过养成缓慢充分的呼吸习惯，你可以开始进行特定的呼吸练习和屏气练习。随着时间的推移，你会注意到心灵和身体发生的变化。

在为期16周的专注呼吸的训练中，我练习了这些方法。正如这位瑜伽师所指导的，我变得有意识地从内部感受和觉察自己的身体。我每天进行深呼吸和专注力的练习，最终迎来了考验。在12月中旬，当我跳进冰冷的湖泊深处时，我第一次感到真正的存在。对未来的担忧消失了，愧疚也不再困扰我。所有那些充满困惑和不确定性的日子最终迎来了这一刻的幸福，这一刻永远改变了我的生活。在那个关键的日子之后，我发现自己能够连续屏气3分钟以上，并轻松地在冰面上开洞，让自己浸泡在明尼苏达州冰冷的湖水中。有人告诉我，这个过程会改变我的生活，果然它做到了。我实现了在短短几个月前看似不可企及的目标,并在棒球生涯结束后重新找回了快乐,而我唯一的改变就是学会呼吸,并走进大自然。

在那时,我做了一个决定,那就是深入了解呼吸的深度。为什么我能在冰冷的水中控制自己的状态?为什么我的焦虑消失了?为什么我不再在半夜起来小便或因口渴而醒来喝水?我的链球菌性咽峡炎被彻底治愈了,我的过敏症状减轻了,鼻塞的情况也几乎消失了。我收拾行囊开始旅行。我向世界各地的呼吸大师学习,并获得了呼吸机制及呼吸生理和心理联系方面的认证。我还研究了环境应激,即冷热暴露对身体的影响,以及这如何影响细胞和组织的质量及心态。我学习了运动实践和瑜伽技巧,舒适地控制呼吸,提高肺容量,增强耐力。在学习结束之后,我开始培训小团体,然后是更大的团体,最后是专业运动员和团队。

在这本书中,我希望你能发掘呼吸的力量,从而开始朝向实现你全部潜力的道路迈进——就像我跳进冰冷的湖水里那样。在明尼苏达州那个寒冷的冬天,我得到了一些最宝贵的训练:保持冷静,专注呼吸,相信自己,并控制自己能控制的。

如果你想最大限度地提高你的体育成绩,这本书将帮助你了解,其实答案就在你的内心——它就在你的呼吸之中。在这些章节中,你将了解呼吸练习背后的历史和科学,以及它如何改变竞技水平。你将学会机械性地运动,扩展胸廓,保护脊柱,加强盆底部肌肉的训练,让你的运动更加出色、康复更加迅速。你将提高有氧运动能力,这样你就能够用更少的努力走得更远,并在思维和决策方面获得优势。享受这段旅程吧。

致谢

　　我想感谢人体运动出版社（Human Kinetics）的工作人员，他们对我抱有信任并出版了这本书。特别感谢米歇尔·厄尔（Michelle Earle）和劳拉·普利亚姆（Laura Pulliam）坚定的支持，他们在整个过程中一直陪伴着我。我永远感激旧金山巨人队，以及盖布·卡普勒和戴夫·格罗斯纳（Dave Groeschner），他们给了我扩展体育教学的机会，并让我自由地写完这本书。感谢坚强心灵项目（MindStrong Project）的所有成员，这个团队由充满好奇心的成员组成，他们致力于提升人的体验。如果没有你们的联系和承诺，这本书中的原则和经验就不可能呈现。我将永远珍惜我们的友谊和回忆。

　　特别感谢达纳·桑塔斯（Dana Santas）给我带来这个机会，没有你，这一切都不可能实现。感谢所有的老师、医生、教练和训练师，在访谈和会议中奉献他们的时间，并分享他们的经验和信息。我们共度的每一分钟的讨论和引人思考的经历都在这本书中留下了印记。感谢那些愿意花时间与我进行一对一分享和专业指导及教授呼吸重要性的人。特别感谢那些我早期的导师们，他们在本书中都受到了特别的认可：贝利萨（Belisa）博士、布赖恩·麦肯齐（Brian Mackenzie）、罗布·威尔逊（Rob Wilson）和麦基翁（McKeown）博士。我会永远做一个人类表现领域的学生，感谢你们建立了这个课堂。

第 **1** 部分

呼吸
觉知

第 1 章
呼吸觉知的基础

氧气是能量产生的关键，它是身体用来代谢食物以产生支持身体所有重要功能的能量的分子。没有能量，我们什么都不是，我们通过控制呼吸来调控精神和身体能量，而这种能力将我们与其他生命形式区分开来，使我们站在食物链的顶端。然而，现代社会让我们远离了本身的自然状态，这对我们的呼吸模式产生了负面影响，进而影响整体健康。在这本书中，你将学习在运动训练中如何将注意力集中在呼吸上。通过学习并运用这些工具，你将看到呼吸对于提升运动表现有多么强大的作用。

呼吸是我们一切活动的基础。它是连接思维和身体的沟通者，也是通往神经系统的直接通道。呼吸是身体内所有生理过程的关键。我们从感觉、感知、感受和情感中持续获得反馈。心理和生理功能会影响我们的呼吸方式，呼吸方式也会影响我们大脑和身体的功能。我们体验现实的方式是一个双向的过程。理解这种反馈对于运动员在运动期间的心理和生理状态是很重要的。呼吸可以像在运动场上或健身房中学习的任何其他技能一样得到训练、改善和增强。通过将呼吸作为一个单独的练习，运动员有能力利用呼吸影响表现的其他部分，如运动方式、食物消化、恢复、睡眠和思维方式。本书将教授如何调整改变和控制呼吸来管理能量、理解压力，并适应压力。

在本书中，你将学习许多种呼吸模式。在前几章，你将了解关于长期口呼吸及与呼吸相关的解剖学、生理学和心理学知识。你将学习现代生活方式是如何破坏健康的，以及如何通过建立正确的呼吸机制来对抗不良的呼吸和不健康的生活方式。正确的机制是控制肌肉运动以执行特定动作的运动技能。运动员通过反复练习在运动中所需的运动技能，以便在最关键的时刻使用这些技能。在本书中，你将学习如何练习并实现正确呼吸所需的运动技能。

呼吸是身体最基本的运动，其他身体动作都建立在呼吸之上。而且，它也是持续不断的——我们一直在呼吸，因此它一直在影响我们的运动和生活。这使得呼吸成为我们进行所有复杂运动模式的基础。强大而具有功能性的呼吸是身体健康和长寿的基础。

由于呼吸是持续的，是自主的，因此我们不必有意识地去控制它。这就是为什么我们会很容易不自觉地忽视呼吸，让它陷入习惯性的不良模式，从而随着时间的推移而降低我们的健康水平。然而，我们可以通过增加练习和树立意识来改善呼吸，提升健康，并在无意识控制的情况下建立强大的自动呼吸习惯。起初这可能有些困难，因为我们的膈肌周围缺乏神经末梢，这意味着我们不一定能感觉到像锻炼肱二头肌或腘绳肌时的训练感受。本书将帮助你加强这些呼吸肌，并了解在呼吸时如何正确地进行运动。可以确信的是，精英运动员都在进行这类呼吸训练。通过将其融入你的运动训练中，你将提升自身潜力的上限。

改善你的呼吸

当你开始理解自己的呼吸以及如何在体育比赛中运用它时，你将感知作为切入点。作为一名运动员和某种高水平的表现者，你的主要目标是不断进步。一旦你可以在某项活动中取得进步，就会继续参与此项活动，这是大家共有的特征。想象一个开始进行举重训练的人，在训练的过程中立即看到了结果，他一定会继续。然后，随着肌肉的增长，他会发现健身房变得不那么可怕，而且更有吸引力，因此就会更容易坚持并提高。

那么，如何在呼吸方面取得进步呢？答案是从膈肌开始。它是呼吸过程中使用的关键肌肉，需要像训练其他肌肉一样进行锻炼，但是训练这块肌肉可能会令人沮丧，因为你无法像做了一系列肱二头肌弯举后那样看到或感受到它的增长。因此，你必须更深入思考如何感知呼吸中的进步。

呼吸，就像运动员进行的其他活动一样，是一种技能。我们可以改善呼吸，就像我们可以改善深蹲一样。然而，呼吸练习的美妙之处在于它不仅是一项机械技能，它还有助于改善全面健康。近年来，我们已经了解到呼吸练习可以控制身体的自主神经系统，而自主神经系统可以调节无意识的生理过程。对这一系统的控制使我们能够调节身体中的其他自动系统，如心率、消化和血液循环。所有这些对我们保持健康和建立自然免疫力起着巨大的作用。通过掌握呼吸，我们可以拥有健康的主导权，这是人类的超能力。

除了改善身体活动之外，呼吸还直接影响我们的大脑。大脑的 3 个主要系统都受到呼吸的直接影响：一是脑干，它是最古老的脑部区域；二是边缘系统，它是大脑的情绪控制中心；三是前额叶皮质，它负责推理、解决问题、理解、冲动控制、创造力和毅力。这些都使我们成为人类，并使我们与其他动物区分开（见图 1.1）。

呼吸调节是脑干的一种本能功能，主要是在无意识状态下进行的。它的主要作用是保持身体的稳态，即让生理系统保持平衡。尽管呼吸控制的无意识机制尚未完全解释清楚，但我们知道它涉及呼吸中枢的神经信号，这些中枢位于延髓和脑桥中，它们位于脊髓之上，它们控制呼吸的运动和节律。总体而言，大脑的这个区域调节呼吸频率。脑干中的呼吸中枢受二氧化碳浓度升高和 pH 值降低的影响，这将在第 3 章进一步讨论。这些是这个大脑区域专注于稳态的原因。如果身体感觉不协调，脑干区域将努力纠正。

边缘系统会受呼吸方式的影响进而产生情绪波动效应。浅而快的低效呼吸方式会让我们处于无力的、反应迟钝的状态，使得情绪无法控制。深而慢的高效呼吸可以创造出一种受控制的、反应灵敏的状态，使得情绪可以被我们自己掌控。

最后，前额叶皮质是决策和推理发生的地方，它允许对呼吸进行自主和有意识的控制。自主控制将呼吸从无意识状态转变为有意识状态。这就是呼吸在人类进化中成为终极分界点的地方——我们特有的通过呼吸来控制我们的生活能力。当我们专注于呼吸时，我们开始控制自己的思考能力，而更好的思考能力则让我们作为运动员拥有竞争优势。在后面的章节中，我们将重点关注呼吸控制和改变思维的方法。

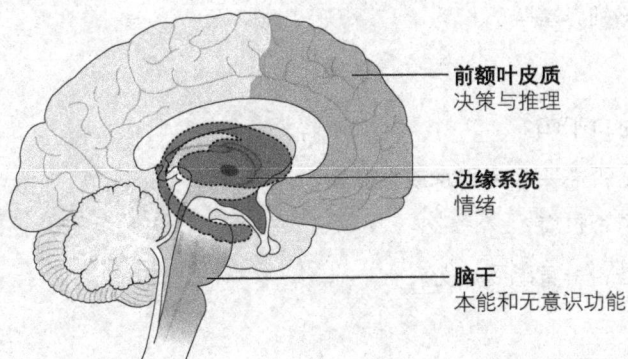

前额叶皮质
决策与推理

边缘系统
情绪

脑干
本能和无意识功能

图 1.1　大脑的 3 个主要系统

认识你的呼吸

如果你想改善自己的呼吸，应该从哪里开始？第一步是了解你的呼吸。了解你的呼吸有 2 个部分：①了解目标；②学会意识到你的呼吸。首先，你必须确定为什么要专注于呼吸，以便更好地服务于自己和练习。然后，你必须学会如何专注于呼吸。作为一名运动员，你在呼吸练习中有很多目的，并会出于很多原因来专注于呼吸训练。无论你在心理或身体上处于什么状态，当你开始呼吸练习时，首先要为自己特定的训练建立平台。你是在专注于呼吸的力学，还是生理方面或心理方面？明确目标将提高当下的意识，并为练习赋予目的。

一旦确定了目标，就要开始有意识的呼吸训练。例如，舒适地坐着或躺下，将注意力放在呼吸的流动上，专注于吸气和呼气。注意在吸气或呼气后可能会出现的自然停顿。你是否注意到呼吸有所迟疑，或者呼气比吸气更困难？这样做的目的是去意识呼吸的流动。

一旦你在受控和舒适的环境中花时间来关注自己的呼吸，就会将这种新的意识带入你的日常生活。在你工作、在驾驶、进食或与人交谈时，重新关注一下你的呼吸。它与你所经历的情境有何关系？在这种正念呼吸阶段，不需要具体的答案，甚至不需要任何答案。你并不是试图改善或质疑呼吸，你只是注意到了它。

在练习中将意识带入呼吸时，请使用以下问题加深对你的呼吸的理解。

是鼻呼吸还是口呼吸

我在不进行训练或比赛时是通过鼻呼吸还是通过口呼吸？

我经常感到鼻塞吗？

睡眠

我醒来时口干吗？

我晚上是否需要起床喝水或上厕所？

我晚上是否打鼾？

我白天是否一直感到疲劳？

精神

我在一个较长的时间内是否难以集中注意力进行特定任务？

我是否整天感到焦虑？

我是否难以记住信息？

身体

我是否有肠胃问题？

我是否难以控制心率？

我是否患有高血压？

听觉

我在说话时是否能听到自己的呼吸声？

我在放松时是否能听到自己的呼吸声？

花一星期的时间，在每天的开始或结束时，以日记的形式回答这些问题。如果你在任何一天对其中一个问题的回答是肯定的，那么你的呼吸状况很可能不佳。本书将帮助你在这些方面进行训练。休息时的呼吸应该是安静而缓慢的，并仅通过鼻子顺畅地进行。当鼻呼吸受到干扰时，身心的健康将会恶化并引发不必要的压力。了解自己在一天中呼吸的方式是个性化呼吸练习的第一步。

重要的是要记住在所有活动中你都在呼吸。你在休息和睡眠时在呼吸，你在进食或交谈时在呼吸，你在争论、看恐怖电影或高峰时段驾驶等有压力的活动时也在呼吸。

我们生活在刺激过度的时代，这会导致产生不必要的压力。压力会影响我们的呼吸，这可能会触发交感神经系统启动"战斗或逃跑"反应。虽然长时间处于唤醒状态对健康不利，但身心需要压力以维持生存，接下来的内容将涉及其重要性。精英运动员明白，快速的口呼吸只适用于激烈的训练和比赛，因为那时他们希望大脑和身体在压力下工作并有所提升。而在高压力的活动之外，则需要通过缓慢的鼻呼吸来让身心适应和恢复。

通过了解哪些活动需要口呼吸，运动员能够在训练或比赛之外保持健康和促进身体恢复，减少压力水平。有效的压力管理能够使运动员延续他们的职业生涯。南佛罗里达大学老龄研究学院院长罗斯·安德尔博士（Dr. Ross Andel）在《体育画报》（*Sports Illustrated*）杂志有关 2021 年度体育人物汤姆·布雷迪（Tom Brady）的采访中提到了这一点。该文章讨论了美国橄榄球联盟（NFL）的四分卫布雷迪的长寿和保持缓慢衰老的健康做法。"正是这种刺激，即环境的变化挑战了大脑并重新分配了我们的身体资源”安德尔说，“他的适应能力令人难以置信”（Wertheim，2021）。

适应压力的能力将成为未来顶级运动员追求优势的秘密武器。根据《行为：人类最佳和最差的生物学表现》（*Behave: the Biology of Humans at Our Best and Worst*）一书的作者罗伯特·萨波尔斯基（Robert Sapolsky）的观点，我们在大约 70 年前才了解到持续的压力会损害我们的健康（2017）。人类一直面临诸如疾病、饥饿、工作条件和工业时代的污染等压力，但随着这些因素的增加，运动员也越来越容易受伤和疲劳，其结果是运动生涯缩短。瑞典卡罗林斯卡学院（Karolinska Institute）的研究人员对 16 个体育项目的 680 名运动员进行了研究。对于精英青少年运动员来说，受伤是一个显著的问题（Karolinska Institute，2017）。平均每周就有 1 ～ 3 名运动员受伤。在一年内，几乎所有运动员至少受伤过一次，约 75% 的运动员报告称他们在一年内受伤的情况相当严重。

通过本书，你将学会如何运用呼吸来使适应能力最大化并减少受伤。你将学会在运动中更有效地呼吸，以控制生理和心理过程。你还将学习自然恢复方法，帮助你更好地适应环境，尽可能多地学习和使用呼吸技巧。但要记住，重要的是使自己成为一名能够应对现代社会中的刺激和压力，更具适应性的运动员。

了解口呼吸的影响

现代运动员压力适应不佳的一个主要原因是经常进行口呼吸。在当今社会，我们的呼吸方式已经变得不太健康，这使得古老的专注呼吸练习比以往任何时候都更加重要。本章的其余部分将解释为什么会出现这种情况。我们将学习口呼吸和鼻呼吸之间的区别，现代生活对呼吸的影响，我们的脸部结构如何影响呼吸，以及我们的呼吸与睡眠的关系。

口、鼻呼吸对比

通过口呼吸和长期过度呼吸、深浅不一或急促的深呼吸，或者过度通气，会使身体处于“战斗或逃跑”状态，从而最大限度减少了身体内氧气和二氧化碳的健康交换。相反，通过鼻呼吸可以立即降低呼吸频率，使身体保持稳态并促进更好再生的状态。它还使膈肌的运动范围更大，可以按摩器官并最大限度促进氧气和二氧化碳的交换——这是呼吸的主要功能（Mayo Clinic n.d.）。

鼻腔主要用于呼吸，而嘴巴则用于说话和进食。我们可以通过两者呼吸，但通过鼻呼吸的好处远远超过口呼吸。鼻腔将空气深入肺部，与大脑进行持续的积极交流，并提供更持久的能量。鼻呼吸的好处包括以下几点（Allen，2015）。

· 促进膈肌的正确活动。

· 确保舌头的正确位置（靠近上腭）和嘴唇的闭合。

· 产生一氧化氮，扩张血管以帮助将氧气输送到肌肉。

· 防止空气中的病原体进入血液。

· 使空气湿润，将氧气流向肺部。

· 将肌肉组织的氧气含量提高 20%。

· 达到肺部的深处，提供更多氧气。

鼻呼吸的一个重要好处是防止病原体进入体内。当通过鼻腔呼吸时，空气会被鼻腔内的毛发和通气通道减缓和净化（本书第 2 章将更详细地介绍这一功能）。然而口腔不提供这些防御功能。当我们通过嘴巴呼吸时，肺部没有保护，我们可能会因吸入的空气质量而受到威胁。进入肺部的空气会影响身体其他部分的功能，细胞的高效工作使我们的生活充满活力。

通过嘴巴呼吸不仅破坏了呼吸的过滤系统，还会发出警报和需要撤退的信号。本书第 2 章将详细介绍口呼吸和压力反应的效果，但现在，为了感受其影响，请将手放在胸部，通过嘴巴深呼吸。你应该能感觉到上胸部的运动，膈肌没有运动，并且当你继续用嘴巴深呼吸时会感到不安。神经系统会将这种体验视为体内的交感神经活动，当神经系统无法放松时，你就会进入慢性交感神经状态，导致免疫系统功能减弱、精神状态不佳、比赛中能量不足、容易受伤，以及运动技能下降。

我们可能会惊讶于身体对鼻呼吸和口呼吸的不同反应，因为人们很容易认为呼吸只是呼吸而已。然而，人们的感受和思维方式源自他们的呼吸模式。对呼吸进行自我觉察，并认识到自己的感受应该是所有运动员的首要任务。

口呼吸与现代生活方式

我们身体的呼吸模式和机械结构会根据我们所处的环境而发生变化。以下巴（下颌骨）的功能为例。现代食物相对较软，有些人通过液体摄取部分饮食。

当我们的下巴不必为咀嚼食物而有足够的活动时，它们就会变得虚弱。这就好比如果停止走路，我们的腿部力量会减弱一样。当我们的头陷入枕头中，脊柱在睡眠期间受到压迫时，我们的呼吸会变浅。这也会导致夜间用嘴巴呼吸，这一点将在后面详细讨论。良好呼吸的关键是开放的气道和自由活动的胸廓。胸廓需要能够扩张并拉伸每根肋骨两侧的外部和内部的肌肉，这提供了正确的脊柱对齐和身体位置的支持。然后下巴和腭部可以支撑气道，而且舌头也应在正确的位置。

作为一个社会，我们直到最近——就是过去几个世纪内——才成为口呼吸者，在这段时间里，我们看到了人类下巴的巨大变化。研究人员认为这种变化过于迅速，不可能是进化过程。研究和临床试验表明，现代人生活中的姿势不良及在非自愿移动下巴时（如说话、进食，尤其是睡觉时）的方式，是我们姿势不良的主要原因之一（Kahn et al., 2020）。下巴变窄，导致牙齿不齐和气道变小。舌头本应该位于口腔顶部，但现在却滑到了喉咙后部，使气道进一步变窄，阻碍并干扰了空气流动。这些是由于现代世界塑造了我们的生活方式并改变了我们呼吸模式。

总的来说，现在的生活没有以前那么艰难。我们控制着环境的气候，大多数人大部分时间都能够相对舒适地生活。我们的床和枕头较软，椅子和沙发支撑我脊柱。我们主要在室内过着久坐的生活，这是我们的祖先从未经历过的生活方式。这些现代的舒适设施有其好处，然而它们给我们的健康带来了一定麻烦。整个现代社会的人类正在经历更严重的焦虑、抑郁、背痛和肥胖。

当你对呼吸感到不满意或受限时，这说明你有些不对劲了，是时候研究一下你的环境了。你最近被吓到了吗？你周围充斥着消极情绪吗？你是否整天待在室内？你是否已经坐或躺了很长时间了？所有这些情况都会限制呼吸。多数情况下，呼吸会是第一个信号，告诉你需要走出去，活动一下，或者改变一下环境。

如果你还没有建立对呼吸的自我认知，这一点很难察觉到。在不断变化的环境中，呼吸是唯一的恒定因素。你越能创造出一个促进最佳呼吸的环境，让它在无意识的控制下发生，你的改进和适应能力就越大。这意味着要找时间站立而不是坐着，去散步和运动而不是一直沉浸在沙发上。同时，注意在进食时咀嚼食物，慢慢享受吃饭。通过食用更坚硬、需要更长时间咀嚼的餐食，下巴的肌肉会变得更强壮。这有助于创造出无意识的鼻呼吸和积极的正念。

通过关注你的环境，你可以避免由不良呼吸引发的长期健康问题。保罗·埃利希（Paul Ehrlich）和丹尼尔·布卢姆斯坦（Daniel Blumstein）是《生物科学》

（*BioScience*）杂志上一篇名为《巨大的不匹配》（*The Great Mismatch*）的文化
演变文章的作者。他们在文章中写道："工业化的人类发展出了前所未有的生
活方式。在许多方面，这种生活方式已经显著改变了人类的生长环境，并引发
了严重的健康问题。"在文章中，他们讨论了斯坦福大学的一项研究，该研究
重点关注自工业化以来人类下巴结构的变化，并发现导致下巴变弱的原因并非
遗传，而是我们的生活方式。"假设遗传是导致这些牙齿问题在现代突然增加
的主要原因是不合理的"斯坦福大学人口学教授埃利希说，"在仅仅几代人的
时间里，进化还没有足够的时间让我们的下巴变小"（Ehrlich and Blumstein,
2018）。这些研究人员发现，现代生活方式及其舒适性正在破坏保持我们健康
的自然生物过程。

口呼吸的影响

　　正如前面所讨论的，我们的生活方式影响了下巴（下颌骨）和骨骼结构，
使脸部结构变得脆弱。下巴变窄，脸部结构变得更长。这种变化导致人类从长期
鼻呼吸者转变为长期口呼吸者。可以从那些下颌线不明显、下颌后缩和牙齿不齐
的人的脸上看到这一点。斯坦福大学的古生物学家、人类化石专家理查德·克莱
因（Richard Klein）教授在与保罗·埃利希的交流中说，他从未见过狩猎采集者
的颅骨有牙齿不齐的情况。根据埃利希的研究，对比几百年前的人类颅骨与现代
的人类颅骨，结果显示人类的下颌在缩小。几百年的时间不足以导致这种由遗传
学引起的变化，也就是说人类不能在几代人内产生拥挤的下颌。因此，这主要是
对环境变化和伴随着久坐生活，以及工业化的一种反应（Kubota, 2018）。

　　从早期的发现中，我们可以看到与大自然疏远和改变生活方式有关的情况。
19 世纪的冒险家、律师、画家和作家乔治·卡特林（George Catlin）写了《闭上嘴
巴，拯救生命》（*Shut Your Mouth and Save Your Life*），这本书提出了当时看似不
切实际但现在已经被证明是正确的观点。卡特林在寻找答案，探究为什么美洲原
住民的脸部特征如此强壮等问题。卡特林对于探索的热情可以追溯到他的个人生
活。他的童年和早年大部分时间都在与疾病做斗争，而他的妻子和一个孩子死于
肺炎。在他寻找原因时，他注意到美洲原住民睡觉时都是合上嘴巴。母亲们给孩
子哺乳，并确保孩子的嘴唇紧闭在一起。在早期阶段，母亲们会自己动手，直到
孩子的脸部肌肉变得更强壮。卡特林还发现，美洲原住民在训练他们的孩子成为

终身的鼻呼吸者。

卡特林参观了土著部落的墓地，发现很少有儿童的坟墓。相比之下，在世界各地，疾病和健康问题导致许多儿童死亡。从 1830 年到 1860 年，卡特林采访了北美洲、中美洲和南美洲的 150 多位部落领袖。一方面，他发现，大多数儿童的死亡是由事故或自然灾害引起的。在那些没有受到欧美生活方式影响的部落中，除了事故以外，儿童的死亡率极低。另一方面，卡特林发现在 19 世纪 50 年代的欧洲，约四分之一的儿童在出生时死亡，只有四分之一的儿童能活过 25 岁。欧洲人对健康的问题感到担忧，而美洲原住民部落却不然。

这使他确信，美国人和欧洲人的病因并非遗传或身体结构缺陷。这些人之所以死亡并遭受身心健康问题，是因为他们的生活方式和习惯。卡特林说："我不得不相信，并且可以断言，许多过早致命的疾病，以及精神和身体的畸形、牙齿的损坏，都是由于睡眠时错误的呼吸使肺部功能滥用所致；而且，这种有害的习惯，无论是在婴儿时期、童年时期还是成年时期形成的，通常都可以通过坚持不懈的努力加以纠正，这种努力基于认识到这种习惯有害且会导致致命后果的基础上。"现代的睡眠研究也证实了这一观点。睡觉时张嘴呼吸可能导致打鼾，而这种不良的状态和低质量的睡眠最终会导致机体健康水平下降。

呼吸是关键的不同之处，卡特林在 1870 年写下了这个故事："谁像我这样，从少年时期一直受苦到中年，几乎是除了死亡之外，一切都因虚弱和不自然的习惯而苦不堪言。然而，我通过不懈努力，摆脱了这些习惯，获得了新的生活方式。然后，这种生活在经历各种困境和考验的情况下一直持续到老年，而且没有危害。"几百年前，卡特林就发现了这条道路，他对现代健康的贡献在今天被证明是非常重要的。

斯坦福大学的研究人员和卡特林的发现都表明，身体会适应我们提供的生活方式。在 20 世纪 60 年代，一位名叫埃吉尔·P. 哈沃尔德（Egil P. Harvold）的牙医，用猴子进行了一项实验研究，用硅胶塞堵住它们的鼻子。当时这个实验引起了争议，但结果令人震惊。这些猴子的咬合出现了错位，下半部脸变长，而对照组的猴子没有出现这种情况（Harvold et al.，1981）。这个实验引发了关于口呼吸影响的讨论。猴子实验有力地显示，身体会适应我们的呼吸方式。那些通过嘴巴呼吸的儿童的脸部结构会出现与猴子类似的变化。下颌不是向前生长，而是向后和向下生长。这在长期用口呼吸的儿童中很常见。

游走神经

颅腔内主要由迷走神经（也称为游走神经）控制，它在我们的适应能力中发挥着重要作用。它从脑干发出，穿过心脏和肺部，延伸至消化道，负责调节副交感神经系统。副交感神经系统控制休息和消化，是再生的源泉。因此，迷走神经在健康中扮演着重要角色，它向身体传达你目前的状态。你可以通过鼻子深呼吸间接地刺激迷走神经。深呼吸会激活检测血压等功能的特定神经元。这些信号告诉迷走神经血压过高，迷走神经会通过更缓慢的鼻呼吸来降低心率。这不仅可以减轻应激反应，还可以保持身体平衡。这是呼吸与身体之间重要而深刻联系的又一个例证。

试试这样：一只手放在你的腹部，另一只手放在胸部，然后按照以下步骤进行呼吸。

1. 用鼻子深呼吸 5 次。确保你在呼吸的过程中能听到自己呼吸时的声音，无论是吸气还是呼气。声音可以帮助你集中注意力和关注呼吸，以及关注在身体中哪里发生动作。

2. 用嘴巴深呼吸 5 次。确保你能听到自己呼吸时的声音，无论是吸气还是呼气。声音可以帮助你集中注意力和关注呼吸，以及关注在身体中哪里发生动作。

你应该注意身体哪些部位首先运动，以及用口呼吸和鼻呼吸之间的区别。用鼻子深呼吸时，腹部往往首先运动并随之上升。而口呼吸时，胸部首先运动。这是因为口呼吸使用的是上肺部，而鼻呼吸使用的是下肺部（靠近腹部）。下肺叶中含有大部分肺泡，这些微小的气囊负责氧气和二氧化碳之间的气体交换。当你呼吸到上胸部时，只能用到较少的肺泡，因此带入体内的氧气也会减少。

其他的结果包括以下几点（Kahn and Ehrlich，2018）。

- 颧骨薄弱。
- 下巴后缩。
- 眼睛下垂。

- 脸部轮廓凸起。
- 脸的中部变平。
- 脸部过度纵向生长。

促进下颌力量和鼻呼吸的日常习惯

- 每天咀嚼口香糖30分钟。保持嘴唇闭合，只通过鼻子呼吸。确保在咀嚼口香糖时两侧的嘴都有运动，吞咽时保持牙齿紧闭。
- 将冰棍棒放在嘴里的一侧，轻轻咬合。10分钟后，再将冰棍棒移到另一侧，再次咬合。保持嘴唇闭合，只通过鼻子呼吸。
- 使用下颌锻炼器，通过练习保持增强下颌力量的咀嚼习惯。
- 做鱼嘴脸。收紧嘴唇，吸入脸颊，保持10秒，然后松开，重复10～15次。每天3组。
- 按摩脸部。用拇指或中指和食指一起按摩整个下颌骨。
- 练习下颌动作。仰望天花板，假装要吹一个飞吻。在此姿势下保持30秒，感受到下颌的拉伸感。暂停一下，然后回到原位。重复10次。
- 伸展你的脸，活动脸部肌肉。这可能看起来有点滑稽，但是尽量张开嘴巴，活动下颌和脸部，直到肌肉疲劳。每天早上重复10次。
- 一种方法是反复念A—E—I—O—U。不断说这些字母可以活动脸部，锻炼下颌。快慢各念一遍，感受脸部的变化。另一种方法是念一个字母，保持5秒，然后再说下一个字母。

　　导致这些结构性改变有多种原因。脸部由42块肌肉组成，而12对脑神经位于颅腔内。这些肌肉需要锻炼和强化，以便能够发挥其特定的功能。随着时间的推移，嘴巴常张开的脸会表现出变窄的上下牙齿排列的曲线形状，即牙弓。牙弓变窄会使脸部变长，因为用于维持强壮脸部的强壮肌肉没有被充分使用。例如，舌头应该放在上腭的顶部，紧贴在上牙齿的后方。但张嘴时，舌头会下降到口腔的底部并关闭气道。上腭变窄，脸中部由于缺乏侧压力而无法向前突。肌肉的使用不足导致了不良的脸部结构，而不良的脸部结构又进一步减少了肌肉的使用，进而引起了更多的变化。

长期用口呼吸可以逆转吗？简单的答案是可以，但是随着年龄的增长，逆转下颌和骨骼结构会变得困难。这意味着应该在幼年时就养成正确的呼吸习惯，因为儿童的骨骼在成长期间是可塑的（见图 1.2）。理想情况下，这些习惯应该从婴儿时期开始培养。建议至少给孩子母乳喂养一年，因为这种自然的喂养方式使婴儿能够保持正确的舌头姿势，并使用脸部肌肉来强化下颌。然后，在孩子继续成长的过程中，建议母亲在喂奶后轻轻捏合婴儿嘴唇，以鼓励其用鼻呼吸（Kahn and Ehrlich，2018）。

虽然由于骨头的强度，你可能无法改变你的颌骨结构，但你有选择。本书第 14 页中"促进下颌力量和鼻呼吸的日常习惯"提供了强化下颌并可以促进更好呼吸的活动。你也可以使用简单的技巧保持嘴唇紧闭，如在睡觉时或者进行日常任务时用胶带封住嘴巴（见第 17 页内容）。同时，注意让舌头保持在口腔顶部并紧贴在上牙齿的后方。这样可以保持气道的通畅，并自然地促进鼻呼吸。整天都留意自己的嘴唇，让它们保持轻轻紧闭，而不让牙齿相互接触。

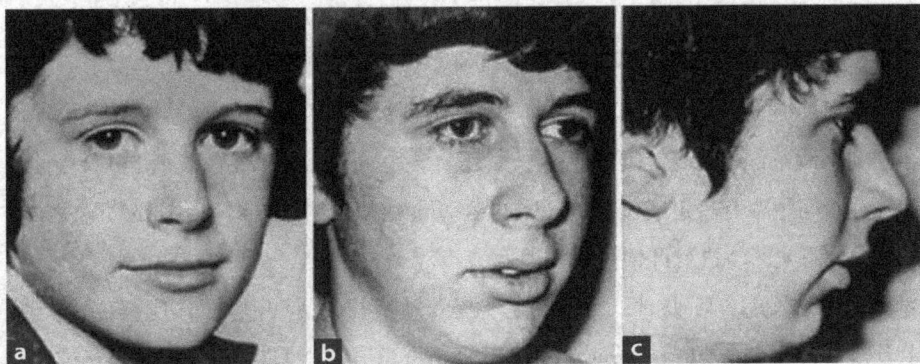

图 1.2　多年未经处理的下颌问题示例：a.10 岁时的情况；b ～ c.17 岁时的情况

源自：Reprinted by permission from S. Kahn and P. Ehrlich, *Jaws: The Hidden Epidemic*（Redwood City, CA: Stanford University Press, 2018）.

口呼吸与睡眠

睡眠在现代社会已成为一个热门话题。超过三分之一的美国成年人睡眠质量不佳，睡眠时长不足，现在这被视为一种公共卫生流行病。医疗保健从业者建议普通成年人每晚至少需要 7 小时的睡眠。长期睡眠不足会引起肥胖、缺乏活动、记忆力下降和心脏疾病。睡眠对于人体表现是至关重要的，因此对于运动员来说，保持良好的睡眠对于提高竞技能力和恢复至关重要。

尽管有许多因素可能导致睡眠质量和时长不足，长期口呼吸是其中最主要的原因之一。在休息时用口呼吸意味着过度呼吸，这会导致全身供氧不足。这使得我们的睡眠变得不够深，并让身体一直处于"战斗或逃跑"状态。

在与综合牙医马特·卢米斯（Matt Loomis）博士的交谈中，卢米斯博士谈到口腔专业领域对呼吸道及其对口腔和全身健康的影响的关注。卢米斯博士发现，越来越多的患者出现牙裂、牙齿磨损、下颌关节问题和牙龈疾病。这些患者的共同点并非肥胖、年龄大或饮食不良，而是牙弓狭窄、呼吸道狭窄及不能正确地用鼻呼吸。卢米斯博士说："一个年轻的 20 岁田径运动员可能自我感觉并且看上去身体素质很好，但是如果他们晚上打鼾，这是不正常的，很可能是由于一个或多个与呼吸道相关的问题造成的。"卢米斯博士接着解释说，早期口呼吸不仅会削弱下颌部结构和影响牙齿的生长，还会导致如高血压、压力增加和全身慢性炎症等健康问题。有打鼾或长期口呼吸的运动员无法得到恢复身体所需的睡眠，这应该由牙医或医生进行评估。

在讨论长期口呼吸时，重要的是要提及现代的生活和习惯如何影响睡眠。晚上开灯、白天缺乏阳光、长时间接触计算机屏幕，以及高度紧张的日程安排让我们的身体长期处于紧张状态，这已经成为现代的生活方式。针对这些问题有许多解决方案，其中之一就是在一天结束时通过持续缓慢的鼻呼吸和尽量减少交谈来使身心平静。缓慢的呼吸会产生褪黑激素，这是一种能够促进睡眠、改善身体恢复和再生系统的激素。较少说话有助于保持身体的氧气和二氧化碳的交换平衡。此外，专注于这种缓慢的呼吸可以减轻焦虑，并在身体对缓慢呼吸做出反应时激活副交感神经的放松作用。

我的口贴发现

时值 2017 年秋季，我去医生那里进行体检。医生认为我患了链球菌性喉炎，给我开了些抗生素，然后我就离开了。几个月后，我的喉咙塌陷，无法呼吸。我开始恐慌，给一位朋友打电话让她带我去医院。CT 扫描显示我的喉咙里长了一个囊肿，需要立即进行手术，切开组织以释放压迫在动脉上的压力。

最终，我逐渐恢复，健康也开始恢复。然而，最后一个困扰我的问题是睡眠。每天晚上，我每隔几小时就会醒来，口干如同炎热夏日的人行道裂缝一样。我一直都习惯在床边放一杯水，需要的时候来润湿口腔。但这次情况不同。我从未经历过如此干燥，以至于舌头感觉沉重，补充水分也会感到痛苦。

有一天晚上，我决定找到一种方法让自己闭紧嘴巴。于是我找到一块胶带贴在嘴上。那天晚上，我注意到了自己的舌头没有之前那么干了。我再次贴上胶带，继续睡了几小时。同样的结果，胶带在嘴唇上，口干的情况再次减轻了。

坚持了一个月后，我每天早上醒来时嘴巴都贴着胶带，整夜通过鼻子呼吸。我注意到几件事情彻底改变了我的生活。首先，我注意到早上醒来时嘴里有唾液。我的口腔一点也不干，最终我停止在床边放水了。其次，我注意到自己再也不会在半夜起来上厕所了。我整夜都安稳地躺在床上，就像入睡时的状态一样。我的精力飙升，记忆力得到了增强，我第一次感到自己真正地活着。在睡眠中用鼻呼吸改变了我的生活。

如果你对封住嘴巴睡觉或在睡眠中保持嘴巴紧闭有兴趣，请务必首先向医生进行咨询，确保你的安全。以下是一些选项。

- 使用口贴（在嘴唇上涂抹凡士林，然后使用足够坚固的胶带，以确保整夜都能粘在嘴上。在网上搜索"口贴"会有很多选择）。
- 鼻贴或鼻扩张器。
- 防止打鼾的下巴固定带。
- 防止打鼾的口腔器具。

请注意，在初次使用胶带、鼻贴或其他器具时，可能会感到不舒服，也可能在睡眠中感到不适或焦虑，因为身体正在适应睡眠中的不同感觉。然而，身体最终会适应这种新的睡眠方式，你将在睡眠过程中呼吸更缓慢，通过持续的鼻呼吸，鼻腔通路将得到加强。

要做到这一点，在睡觉前的 10 ～ 20 分钟请远离所有刺激（如手机、计算机、电视、强光），找到一个舒适的姿势，坐着或躺下。最初几分钟专注于通过鼻子呼吸的节奏。当身体感到步调一致时，开始在每次吸气和呼气后停顿。随着呼吸频率减慢，延长每次吸气和呼气的时间。具体的方法因人而异，但目标是通过减慢呼吸来促进放松和产生平静感。

本章重点介绍了长期口呼吸对健康的负面影响。数百年前的发现和最近的研究结果为我们提供了改变生活方式所需的证据。现代的生活比我们祖先经历的要更加轻松舒适。然而，随着我们日常生活的舒适性不断提高，我们必须记住，我们是人类，作为一个依靠应激和适应而茁壮成长的有机体，我们的生物过程需要经历和适应健康的心理和生理压力。我们是一种应该通过鼻子呼吸、整日活动、整夜睡眠的物种。我们注定要遵循应激和适应的自然规律。

在阅读本书时，请你时刻注意自己的呼吸。慢慢来，与呼吸建立联系。你会注意到自己的动作模式改善了，拥有更强的力量和耐力。更重要的是，你将学会控制情绪，让你的头脑更清晰，在最重要的时刻发挥作用。但第一步是注意你的呼吸并保持简单。

第 2 章
呼吸的解剖学和生理学

在本书的第 1 章我们了解到，要建立对呼吸的意识可能会很困难，因为呼吸是自动发生的。当你通过参与呼吸练习或利用呼吸来控制你的思维时，了解与呼吸相关的基础解剖学知识和生理学过程将有助于你更快地改善呼吸，并保持长期的积极呼吸习惯，从而使你能够在最高水平上竞争和表现。

自主神经系统

自主神经系统在呼吸过程中可能发挥着最重要和最有价值的生理作用，但它只是更大的神经系统的一部分（见图 2.1）。神经系统分为中枢神经系统和周围神经系统。中枢神经系统由脑和脊髓组成。周围神经系统包括脑神经和脊神经，以及它们的根和分支，这些部分位于大脑和脊髓之外，负责将信息传递回脊髓和脑。周围神经系统由两个主要的功能系统组成：自主神经系统和躯体神经系统。自主神经系统负责体内的无意识功能。躯体神经系统负责自主行为；它控制肌肉运动，并使用诸如眼睛、耳朵和皮肤等系统向中枢神经系统的大脑和脊髓发送信息。所有这些系统一起协同工作，帮助我们的大脑和身体更好地理解周围发生的事情。

自主神经系统的主要目的是调节身体的内部过程，以维持体内的稳态或生理平衡。对运动员来说，这一点尤为重要。呼吸是自主神经系统中我们能有意识控制的方面，因此，它成为控制我们所期望状态的工具。但即使在没有意识控制下，我们的呼吸节奏也会自然地改变，以使我们保持平衡并处于稳态。想象一下你在比赛或激烈的训练中感到筋疲力尽时的情景。当你感到身心压力不断增加时，你很可能会意识到你的呼吸变得不稳定甚至失控。大多时候，运动员在意识到呼吸管理不当时已经太迟了，这就会导致其表现不佳。为了意识到呼吸，运动员需要学习了解身体的语言，以及如何管理身体的能量，以避免崩溃或想要放弃的风险。

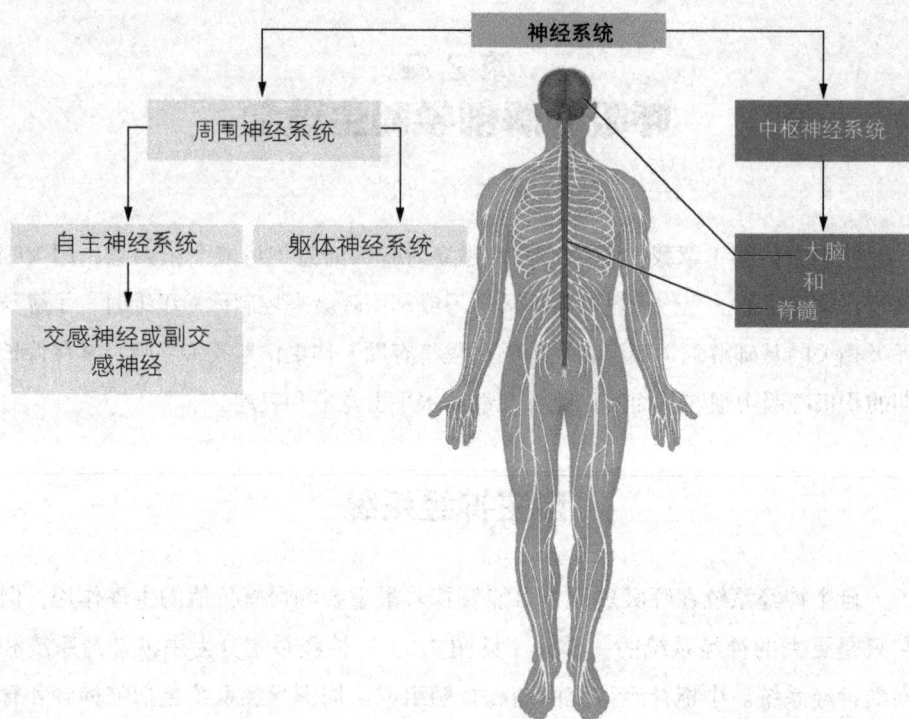

图 2.1 人类的神经系统

下次当你感到不知所措或开始感觉筋疲力尽时，请注意一下你的呼吸速度或强度。如果你很难减慢呼吸，或采用大量的口呼吸，说明你的神经系统正在依靠身体的储备系统应对超负荷状态。身体的储备燃料箱以及它如何受到不规律呼吸的影响将在本书第 3 章讨论。总体来说，你可以通过延长呼气时间至吸气时间的两倍来控制不规则呼吸。这会减慢呼吸频率并向神经系统发出平静下来的信号。即使是通过口呼吸，这种双倍呼气也能迅速将呼吸模式恢复正常。这说明了我们拥有有意识地控制身体稳态这方面的能力。

理解自主神经系统对压力和适应的影响

自主神经系统通过 2 个主要分支来控制，即交感神经系统和副交感神经系统。交感神经系统被认为会引发"战斗或逃跑"状态，但是在这个系统中也存在"冻结"状态。运动员希望在一种"战斗"状态下表现，这种状态由适量的肾上腺素驱动。然而，交感神经系统也可能引发"逃跑"或"冻结"状态，在这种状态下运动员会感到疲劳或紧张，并做出影响表现的反应决策。副交感神经系统被认为可以创造冷静和放松的"休息和消化"状态。自主神经系统不断从外部环境接收信息，并根据这些信息向大脑和身体发送反馈，激发身体的生理过程。

"压力和适应"是提高运动表现的关键。因此对于运动员来说，了解交感神经系统和副交感神经系统的工作原理非常重要，这样他们就能识别出需要的和不需要的压力，然后掌握适应能力。其实运动员大部分时间都处于这两种状态之间，他们几乎不会为了生存受到威胁而奔跑（压力状态），也不会整天睡觉或消化食物（适应状态）。相反，运动员在一天中多次在这两种状态之间切换，他们的呼吸会随之变化，这取决于他们正在经历的状态。

对于运动员来说，他们的目标是在适当的时间内引入适量的压力，以提高适应能力。如果压力不够，运动员就无法进步；但压力过大则会导致他们崩溃。运动员的目标是学会何时以及如何引入压力，这需要掌握交感神经系统和副交感神经系统的相关知识。

运动员的目标是引入适量的身体和心理压力，然后采取最有效的适应形式。当运动员不参加比赛或活动、不进行训练或心理锻炼时，他们应该通过休息和补充能量来适应。

适应是指变得更加适应环境的过程，这意味着进步。简单的呼吸方法使我们能够进入副交感神经状态，并促进适应。这包括延长呼气时间，呼气和吸气之后轻轻暂停，以及创建有节奏的呼吸模式。这些例子强调了缓慢的呼吸。在本书第 8 章中将详细介绍几种完整的呼吸方法。

神经系统的反应

交感神经系统：生存和压力（战斗、冻结、逃跑）

交感神经系统是身体内置的警报系统。在危险和紧张的情况下，交感神经系统会向身体释放激素，提高警觉性和心率，并向肌肉输送额外的血液。呼吸频率也会相应地增加。

交感活动的反应

- 瞳孔扩大，外周视野减少。

- 抑制唾液分泌。
- 收缩血管。
- 刺激葡萄糖释放和糖原分解。
- 增加心率和呼吸频率。
- 干扰胃肠功能。
- 释放肾上腺素。
- 丧失精细动作技能。

长期交感活动的反应

- 表现为焦虑、担忧和恐惧。
- 疲劳和情绪反应。
- 易怒。
- 睡眠障碍。
- 呼吸急促和疲劳。
- 认知功能障碍和非工作肌肉紧张。

副交感神经系统：适应（休息和消化）

副交感神经系统调节身体的适应能力。当我们处于放松状态，如睡觉和进食时，副交感神经系统更加活跃。以下是副交感神经系统活跃时身体的反应。

- 瞳孔收缩，放松凝视获得更广阔的视野。
- 刺激唾液分泌。
- 通过刺激肠道和收缩膀胱来为消化做准备。
- 心率减缓。
- 大部分器官血管扩张。
- 提高认知功能和数据处理能力。
- 组织再生和肌肉生长。
- 提高精细动作技能。
- 放松、冷静、清晰和创造力。

控制压力以增强适应能力

压力对于发展更高层次的功能，如整体健康、心智敏锐和增强力量和耐力等方面是必要的。事实上，我们是唯一一种能够创造受控压力环境以增强力量的物种，如在举重室、比赛场地或进行技能训练。虽然引入压力对于改进是必要的，但它必须是适量且适当类型的压力，并且必须在一段适应期后。如果不能识别身体发出的不适当压力或压力与适应之间的不平衡信号，就会导致身体崩溃。如今，许多人生活在快节奏、过度刺激的世界中，如果没有充分的适应，我们的身心将开始代偿。当我们的大脑或身体需要采取一种特定的思维或动作模式，而这种模式尚未被建立或暂时无法使用时，就会发生一种替代性行为。这意味着在某一点上，无论是在心理上还是在身体上，这种压力水平对于运动员来说过高。例如，运动员可能会通过刺激物来缓解压力，或通过不良动作来完成具有压力的动作。但是，随着时间的推移，代偿和适应不足的负面影响会积累起来，导致身体受伤和心理焦虑。然而，我们却无法认识到现代压力因素导致了心理健康问题的增加。在现代社会中，我们似乎选择了错误的压力并过度暴露其中。这不仅会影响运动表现，还会影响生活的各个方面。

在训练和比赛之外处于压力状态往往会导致过度呼吸和口呼吸，这样的呼吸方式利用氧气效率很低，因此会导致适应不足和能量管理失调。我们必须学会识别高度压力状态及其指标，即较高的呼吸频率和口呼吸，这些应该用于训练和比赛。如果我们不应该给身体施加压力，那么我们就不应该感受到压力。不必要的压力来源可能是长期口呼吸、不良的呼吸力学或不良的生活方式。不必要的压力还来自睡眠不足、营养不良、负面关系及担心个人无法控制的事情。负面压力来自各个方面，而高水平的表现者能够巧妙地选择何时及如何增加压力，而不是一直生活在压力之中。

呼吸练习是一种工具，可以让我们在坐着或躺下时有意识地改变呼吸。通过减慢呼吸和降低心率，我们就可以进入恢复状态。一方面，由于肺部受副交感神经和交感神经共同支配，改变呼吸会使身体进入不同状态，这是因为压力引起的高呼吸频率会刺激交感神经活动。这种情况通常发生在我们进行训练、比赛或经历过度压力时。另一方面，缓慢、暂停和有节奏的呼吸会刺激副交感神经活动。通过有意识地改变呼吸，我们就有能力增强适应性，并利用呼吸从压力源中恢复过来。

在压力和适应状态之间转换

呼吸是自主神经系统中唯一可以有意识控制的方面，它是实现交感神经系统和副交感神经系统之间转换的关键。我们越是能有效地利用呼吸进行这两种状态之间转换，我们就越是可以有更多的控制能力和更大的自信心在压力下做出决策。

一方面，当身体感知到危险时，交感神经系统会产生一种"战斗或逃跑"的状态。这种反应适用于短期紧急情况。如果使用得当，我们能够高效完成任务并在高水平上竞争成功。另一方面，副交感神经状态会抑制身体过度运作。副交感神经系统创造的状态专注于恢复、放松和治愈身体。适当使用时，我们能够实现更高水平的适应性。身体触发交感神经还是副交感神经活动取决于环境中的刺激。

了解自己身体的运动员会关注自己的呼吸。如果你刚开始培养这种意识，请问自己以下问题。在下面这些时刻，你的系统应该处于压力状态（交感神经）还是适应状态（副交感神经）？

当你坐在公共汽车上去比赛或训练时，是否注意到心跳加快？

当你坐在教室里或看电影时，是否注意到你的下巴下垂，舌头放在口腔底部？

你是否整天坐在计算机屏幕前，并注意到自己的呼吸变浅？

你是否长时间坐着，腰部开始疼痛？

你是否无缘无故地感到情绪激动和冲动？

你是否感到匆忙开始新的一天或有难以入睡的情况？

所有这些情况都发生在运动表现之外。如果对任何一个问题回答是肯定的，那么表明你在不应该感到压力的情况下经历了压力。如果你感觉心跳加快，腰部开始疼痛，口干或者记事不清，很可能是因为你正处于交感神经被激活的状态。这意味着你在使用过多的能量，并且将以不太理想的状态进行运动表现。

当你意识到身体中的压力感和导致压力的因素时，你可以随时调整自己的呼吸。日常呼吸练习有助于建立身心的联系。随着你在一天中不断关注自己的呼吸，你将更好地了解自己的整体健康状况。

上呼吸道、肺部和呼吸肌

　　呼吸涉及的结构主要有 3 部分：上呼吸道、肺部和呼吸肌。在呼吸领域，它们被称为"三大要素"，这也是本节的重点。上呼吸道包括鼻腔、咽部和喉部，下呼吸道包括气管、主支气管和肺部。上呼吸道和下呼吸道共同组成呼吸道。呼吸控制由 3 组肌肉完成：膈肌、肋间肌和腹肌。见图 2.2。

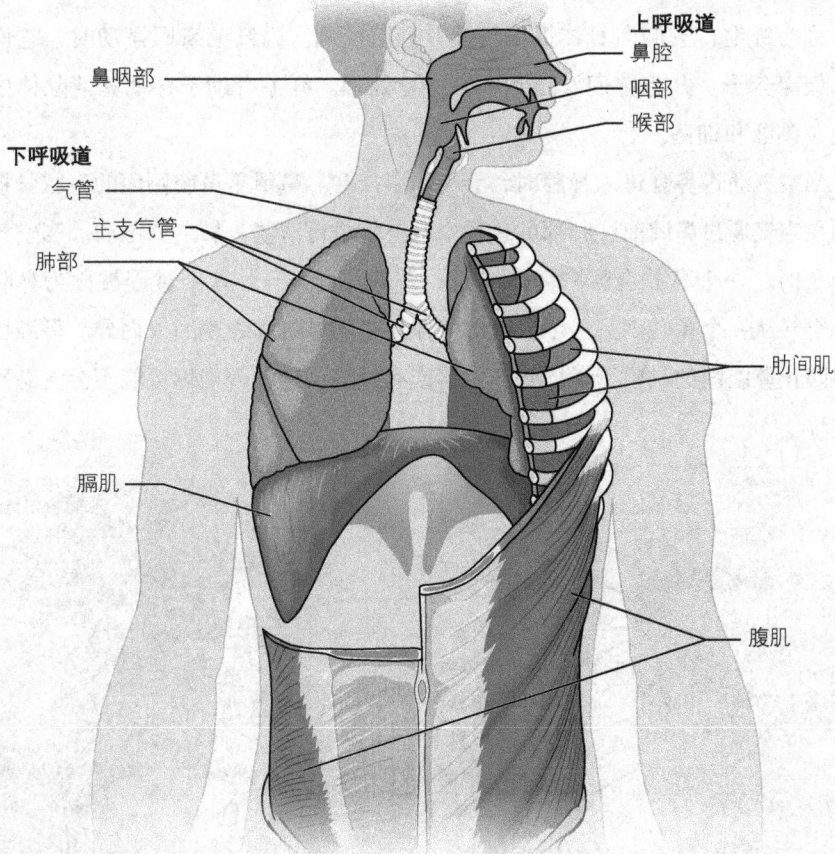

图 2.2　呼吸道和呼吸肌

上呼吸道

鼻子是呼吸系统的入口。鼻子有 2 个鼻孔，由被称为鼻中隔的软骨分隔，可以在鼻子前部感觉到。在颅骨内部和鼻子周围有一些空气充填的腔体，被称为鼻旁窦（见图 2.3）。这些鼻旁窦围绕鼻腔并与之相通，帮助鼻子释放一氧化氮。它们被能产生黏液的细胞覆盖，以防止呼吸时鼻子干燥。鼻子将进入体内的空气加热到核心体温。吸入的空气在到达鼻咽部（喉部顶部）之前，达到了所需温度和湿度水平的 90%。鼻腔是呼吸道中主要的调节装置（Zaidi et al., 2017）。

鼻子执行多种保护功能。位于鼻腔顶部的嗅球接收有用的神经输入；例如，如果食物闻起来发臭，我们就知道不能吃它。鼻腔表面细胞上有微小的细毛，称为纤毛，它们向身体提供反馈并预防疾病。当纤毛来回摆动时，它们会吸入气味分子，并将它们发送到大脑进行处理。纤毛有助于移动和清除体内的灰尘、黏液和细菌。

当空气通过鼻孔进入鼻腔时，会与鼻甲接触。鼻甲是鼻腔侧面的壳状骨板，它们在空气通过鼻腔前往肺部的过程中对空气进行清洁、加热和湿润。当空气进入鼻子时，一个鼻孔会膨胀闭合，另一个鼻孔会打开。这个过程被称为鼻腔周期。空气从一个鼻孔到另一个鼻孔的气流切换的时机和强度因人而异。鼻腔周期可以防止鼻腔内的黏膜干燥。除非感冒或有过敏反应，否则你可能不会注意到这个过程。

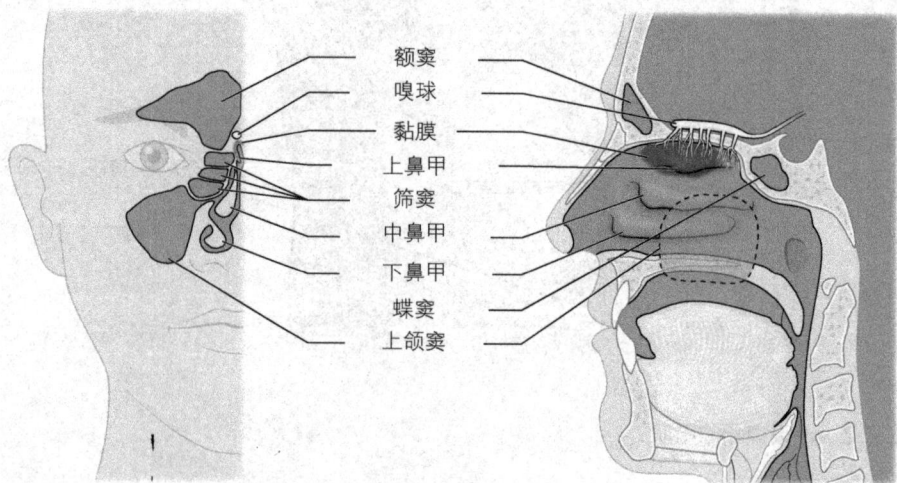

额窦
嗅球
黏膜
上鼻甲
筛窦
中鼻甲
下鼻甲
蝶窦
上颌窦

图 2.3 鼻旁窦、鼻甲、黏膜和嗅球

鼻子的另一个独特功能是产生一氧化氮。一氧化氮是一种分子，它在帮助身体增加力量和保持健康的同时减少恢复时间。每次通过鼻子呼吸时，一氧化氮会随着气流进入肺部，它也是一种血管扩张剂，有助于打开气道并增加输送到肌肉的血液中的氧气摄取量，进而改善了呼吸所需的气体交换。科学家已经发现鼻子，尤其是鼻旁窦内含有产生一氧化氮的酶。这是一氧化氮在体内的主要产生地点（Lundberg et al.，1995）。一氧化氮有多种有益的功能。

- 增加血管的健康和弹性。
- 降低胆固醇。
- 作为血管舒张剂，可以松弛平滑肌，调节和降低血压，改善循环。
- 与二氧化碳一起协助氧气的结合和释放，从而使细胞对氧气的摄取量提高 10% ～ 20%（详见本书第 3 章）。
- 控制血管张力（调节血压和组织器官之间的血液分布）。

一氧化氮还有一个重要益处是有助于控制我们对危险的感知和压力源的反应，减轻感到害怕或紧张的影响。这就是为什么本书中大多数的恢复性练习都建议通过鼻子进行缓慢、平静的呼吸。本书第 8 章中提及的嗡嗡声和嘶嘶声呼吸练习可以增加平静的感觉。在呼气时发出嗡嗡声和嘶嘶声可以改善鼻旁窦通气，同时减轻压力、促进平静，降低心率和血压。这是因为在呼气时发出嗡嗡声可以交换鼻旁窦中的气体，与无声的呼气相比，能帮助身体更快完成清除和平静下来。

肺

当谈到呼吸时，人们通常会想到肺部（见图 2.4）。肺是海绵状、呈金字塔形的器官，位于胸廓（胸部）中，紧邻心脏并位于膈肌上方。它们通过左、右支气管与气管相连。肺的主要功能是将大气中的氧气和其他气体与血液中的二氧化碳进行交换。在肺中进行的气体交换每天向身体的其他部位传递数千次，然后红细胞将氧气从肺部运送到体内的其他组织。这种循环对于维持生命是必不可少的。

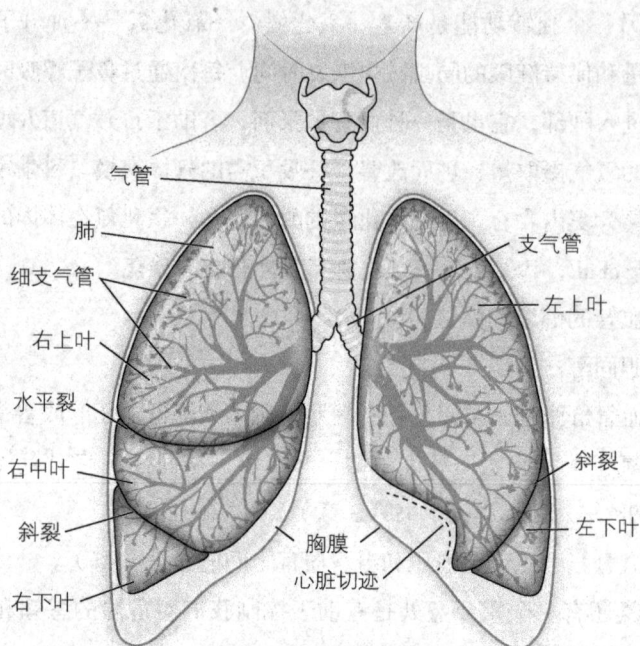

图 2.4　肺的解剖结构

　　我们可以将肺想象成胸廓内的大气球，在呼吸过程中充气和放气。在某些呼吸练习中，气球的类比可以帮助你想象肋骨的扩张，从而在吸气时创造更大的容积。肺被胸膜覆盖，这是一个由两层组成的薄膜，将肺与胸廓壁隔开，起到缓冲和保护肺的作用。内层是脏层胸膜，外层是壁层胸膜。脏层胸膜紧紧包裹着肺，并与之紧密连接。这种紧密包裹保护了肺壁，使器官保持完整。两层胸膜之间的薄空间称为胸膜腔。胸膜腔充满润滑液，使两层胸膜能够在无摩擦的情况下相互滑动，这对呼吸至关重要。

　　每个肺由肺叶组成。较大且较重的右肺有 3 个肺叶——上叶、中叶和下叶，肺叶之间由 2 个裂纹分开。较小较轻的左肺有 2 个肺叶——上叶和下叶，以及 1 个裂纹。裂纹是将肺分割的两层胸膜褶皱。左叶的上叶部分有一个中间区域，即心脏切迹，其为了给心脏留出空间而不成形。

　　每个肺的肺叶由支气管的管道支撑，它们始于气管的底部，将空气从呼吸道运输到肺部并分成细支气管。右主支气管比左主支气管宽且短。右主支气管分为 3 个叶支气管，而左侧则分为 2 个。这些叶支气管再分为细支气管（亦称段支

脑神经

　　颅骨就是头骨，而"脑神经"意味着朝向头部或身体的上部。12 对脑神经将外周神经系统与颅骨相连，然后传递至身体的其他部位。这些神经支持嗅觉、视觉、脸部感觉和眼动等功能。脑神经还帮助我们保持平衡、听觉和吞咽。

　　在本书第 1 章中讨论过的迷走神经是最长的脑神经，它从大脑延伸至颈部、胸部、腹部和内脏。我们的呼吸方式与迷走神经的刺激紧密相连。在深呼吸时，迷走神经得到较少刺激，促进放松。快速、浅表的呼吸则刺激迷走神经并触发"战斗或逃跑"反应。迷走神经从大脑向胃肠道传递信息。由于其长度和对呼吸的刺激，它在维护心理和身体健康方面起着重要作用。

　　要调动副交感神经系统，你不仅可以采取几种行动来刺激迷走神经，还可以刺激所有的 12 对脑神经。向脸上洒冷水，按摩眼睛、下巴和脸颊，用手指在额头上轻轻滑动，拍打头部，这些都会激活脑神经。当深呼吸与脸部刺激结合时，身体会放松，并转入副交感神经状态。本书后面的呼吸练习将阐述如何刺激和利用这些神经来提高健康和表现。

气管），并位于肺的支气管肺段内。这些功能区段分布在每个肺中。在这些区段中有肺泡，即肺的微小气囊，其由一层上皮细胞覆盖。上皮细胞使氧气和二氧化碳能够轻松扩散，从而在毛细血管和肺泡之间迅速交换气体。这些微小的肺泡囊位于支气管末端（肺部气管内的细小分支），就像葡萄在枝条末端一样。将气管比喻为葡萄串的主干，较小的枝条为支气管，最细小的枝条为细支气管，最后的葡萄就是肺泡。整个葡萄串代表肺。

　　你可以将肺泡视为肺部最小的解剖单元。这是气体在肺与血液间扩散的地方。肺泡膜是气体交换的表面，将来自全身富含二氧化碳的血液泵送到肺泡血管中。通过扩散的过程，释放二氧化碳并吸收氧气。我们的肺中有数亿个肺泡囊，它们具有高度的弹性。这使得肺泡在吸气时可以扩张。随后，在呼气时，肺泡囊会回弹，将富含二氧化碳的空气排出。当我们进行充分、深层呼吸时，高效的气体交换就会发生。

呼吸肌

呼吸肌在吸气时扩展胸廓，在呼气时收缩胸廓。有 3 组肌肉控制呼吸：膈肌、肋间肌和腹肌。这些肌肉还有助于在体育运动中安全地进行自然动作。人类的基础动作包括下蹲、弓步、推、拉、弯曲、旋转和步态（即步行）。如果在这些姿势中无法呼吸，就无法正常移动和执行。

膈肌

呼吸的过程由主要呼吸肌——膈肌主导（见图 2.5）。膈肌是一个圆顶形状的肌肉和膜状结构，将胸廓与腹腔分开。它横跨身体的前后部分，是呼吸运动的主要肌肉，通过中央肌腱与肋骨相连。肺部在没有膈肌的帮助下不能正常工作。在吸气时，膈肌收缩变平，从而扩大胸廓。在呼气时，它松弛回升到胸廓中，将空气从肺部推出。这个过程必须发生，使得生命力在体内完成所有交换。

每一次呼吸都会产生简单的压力差。吸气时，体内压力降低到低于大气压力，以使空气迅速进入。为了呼气，膈肌松弛并恢复到圆顶形状，这使得胸廓变小，见图 2.5。当呼气时，胸廓变小，使内部压力增加并迫使空气排出。

细胞交换和高海拔对呼吸的影响将在后面的内容中进行讨论，但现在请想象一下你正在山区徒步旅行。由于在较高海拔处大气压力较低，呼吸会更加困难，这意味着你必须更加努力地降低体内压力。

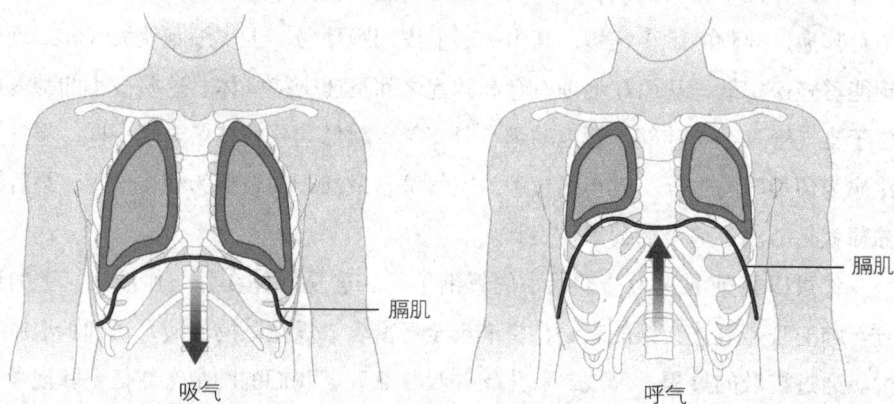

吸气　　　　　　　　　　　呼气

膈肌

膈肌

图 2.5 膈肌在吸气和呼气过程中的运动

通过认识到吸气时扩张胸廓和抬高肋骨，呼气时收缩胸廓和降低肋骨，我们可以增加对肋骨运动在呼吸中的认知。能够感受这种运动并观察它的发生，有助于理解膈肌呼吸。

呼吸肌扩张胸廓，保护脊柱，并使髋关节和骨盆自然运动。当我们需要比平时吸入更多空气时，膈肌会招募辅助呼吸肌——肋间外肌、前锯肌、胸锁乳突肌和斜角肌，以协助抬高肋骨和扩张胸廓。这被视为用力吸气和呼气，因为呼吸需要比正常情况下更多的力量。在短期内，我们可以招募这些额外的肌肉来辅助过度呼吸，但这些辅助肌肉不应该是主要的运动肌肉。

颈椎区域的辅助肌肉

颈椎位于颈部，由 7 块椎骨组成。颈部的辅助肌肉在吸气时帮助抬高肋骨和扩张胸廓：斜角肌通过它们与第一肋骨和第二肋骨连接，胸锁乳突肌通过它们与胸骨和锁骨连接。过度呼吸和呼吸主要集中在上胸部会使这些肌肉过度工作，导致颈部慢性疼痛、神经紊乱和疲劳。

辅助肌肉仅应在强烈的锻炼和竞技时才被动员。当辅助肌肉用于正常呼吸时，膈肌没有参与，呼吸变浅，这妨碍了全身的氧气供应。肩部或颈部的紧张和核心力量不足与主要使用辅助肌肉进行呼吸有关。

肋间肌

肋间内肌、肋间外肌位于每根肋骨之间，协助膈肌的运动（见图 2.6）。在呼吸过程中，肋间肌不断工作，以移动胸廓。肋间内肌位于较深位置，将肋骨压低以收缩胸廓，这是呼气的基本功能；肋间内肌帮助将胸廓下拉，肋间外肌用于吸气。这些肌肉使肋骨上抬，扩大胸廓容积，使肺部充满氧气。虽然肋间外肌在吸气过程中发挥作用，但本书的重点是训练和发展膈肌。这是因为我们可以控制膈肌的节奏和运动，尤其是在训练和竞技过程中。虽然我们在呼吸时并不会有意识地运用肋间肌，但了解它们在呼吸中所扮演的角色是有价值的。

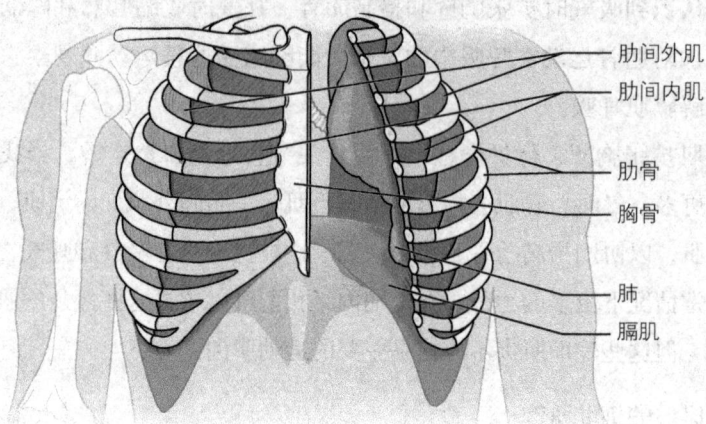

图 2.6 肋间肌

  图 2.7 展示了呼吸和胸廓运动之间的关系。自由运动的肋骨在呼吸肌中产生较少的压力。

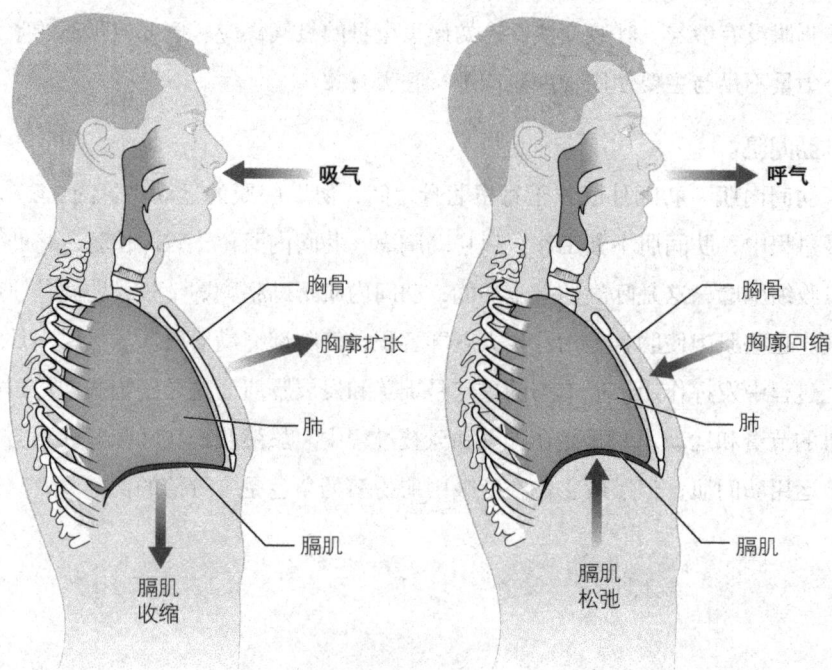

图 2.7 吸气和呼气时胸廓运动的过程

腹肌

腹肌在呼吸时将肋骨下拉。在呼气时用力收紧腹肌。当你用力收缩这些肌肉时，应该能感觉到肋骨被拉下。在呼吸过程中，腹外斜肌、腹内斜肌、腹直肌和腹横肌都会参与。这些腹部肌肉在主动呼气时非常重要，因为它们增加了腹腔内压力，从而将空气排出肺部。

举重运动员会努力发展腹腔内压力（IAP）以在举重时支撑核心。IAP 的感觉应该像是在腰部系着安全带。在吸气时，膈肌变平，产生 IAP，使腹部向外扩张。由于膈肌附着在低位肋骨上，因此可以看到和感觉到这种水平扩张的运动。深吸一口气，尽量吸足够的空气以充实整个腹部和肋骨区域。试着感受肋骨后部的扩张。你应该感受到肋骨在 360° 内运动。现在屏住呼吸，感受身体和脊柱周围的压力。这就是 IAP 和通过呼吸产生的压力。要更加深刻地感受这种压力，请站起来并深吸一口气，感受肋骨 360° 的运动，屏住呼吸，并在屏住呼吸的情况下进行一次深蹲。在完成深蹲后呼气。这样的呼吸产生了压力，可以稳固你的脊柱，类似于戴着举重腰带。

盆底肌

盆底肌是身体呼吸涉及的最低部位。盆底膈肌（或盆底肌肉）呈漏斗状，控制着盆腔脏器和腹腔的压力。在吸气时，膈肌向下移动，盆底肌随之移动。在呼气时，盆底肌将向上推压内脏器官，而膈肌则会放松回到胸廓下方。膈肌和盆底肌维持我们的内脏器官处于适当压力和位置。

盆底肌由提肛肌（最大的组成部分）、尾骨肌和肌肉覆盖的筋膜组成。增强这些肌肉可以改善髋部的灵活性并保护脊柱。对运动员来说，感受这些肌肉并通过呼吸来激活它们非常重要，不仅可以保持身体健康，还可以增进对充分呼吸的认识。为了感受这些肌肉，用鼻子吸气，嘴巴呼气，进行 10 次深呼吸。在呼气时，你应该感觉到用来控制排尿的肌肉收缩。感觉自己仿佛在收紧腹部，将肛门拉入体内。呼气时会将盆底肌向上提拉，你应该能在呼吸训练中感受到这一点。

班达锁（Bandha Locks）

　　到目前为止，我们已经运用了基于生理学和解剖学的理解来解释呼吸在身体能量管理中的作用。相比之下，瑜伽练习已经存在了数千年。瑜伽是基于调息法（pranayama），也就是呼吸调节的练习。在梵文中，"prana"意味着"生命能量"，"yana"意味着"掌控"。Bandha Locks用于封闭身体的特定区域，将能量引导到想要的位置。这是通过在吸气或呼气同时募集特定的肌肉来完成的。

　　"穆拉班达"（mula bandha）是指根锁，其通过收紧盆底肌来完成。具体地说，是位于会阴周围的提肛肌。会阴是指肛门和生殖器之间的区域。锁住这个根部的目的是阻止能量从身体中流失。通过使用穆拉班达，你可以停止能量向下的流动。为了感受这个区域的能量，请舒适地坐着，进行自然呼吸。收紧这个区域并向上拉。充分呼吸4～5次，然后放松。

　　"乌迪亚纳班达"（uddiyana bandha）是指腹锁。它调节沿身体中心通道上行的能量。通过这个锁，可将膈肌、腹部和胃部向上和向后收紧。要使用这个锁，请舒适地坐着，闭上眼睛。通过鼻子深吸一口气，然后通过嘴巴缓慢地呼气并将所有空气排尽。将空气都排出肺部后，收紧腹部，将腹部肌肉向内向上收缩。保持这个姿势，直到感到需要呼吸，然后缓慢松开腹部，通过鼻子轻轻地吸气。

　　"贾兰达拉班达"（jalandhara bandha）是指喉锁。这个锁可以激活能量。请慢慢深吸一口气，将头向前拉，同时将下巴向下压紧在锁骨凹槽上。为了增强体验，请伸直手臂，将手掌按在膝盖上，并抬起肩膀。保持这个姿势片刻，然后释放手在膝盖上的压力，放松肩膀，缓慢而充分地呼气。通过这一过程可以刺激迷走神经，从而控制副交感神经系统。

　　我们用来创建这些锁的肌肉是呼吸肌，包括膈肌、肋间肌和腹部肌肉，以及位于颅底、颈部和上胸部的肌肉。在进行呼吸练习时，了解身体的这些区域非常重要。本书中的练习涵盖了许多涉及班达锁的呼吸练习。你可以通过这些呼吸练习来获得生理上的益处。

　　在呼吸练习中，可能需要一些时间才能感受到盆底肌的活动。首先，保持身体直立，脊柱保持正常生理曲线。通过鼻子缓慢吸气，感受胸廓膈肌向下推动脏器的感觉。在吸气后暂停，然后通过缩起嘴唇缓慢呼气。在呼气过程中，保持脊柱的正常生理曲线，注意将肚脐缓慢地朝脊柱收紧，同时延长呼气。你应该感受到会阴区域正在收缩。

　　理解呼吸过程中神经系统的作用，以及了解呼吸所涉及的肌肉与生理过程之间的关系，是建立最佳呼吸习惯的基础。利用呼吸来提高运动表现的关键在于意识到自身正在经历的压力，并学会减轻或适应压力的技巧。你必须能够适应，以应对下一个挑战。随着你花更多时间给呼吸并通过本书中的练习来测试它，你的意识将不断发展，使你能够掌握改善运动表现的压力因素。

第 3 章
运动表现与呼吸

我们通过呼吸来管理能量。除了摄取食物外，我们体内能量的产生很大程度上依赖于氧气和二氧化碳的交换能力。在我们的日常生活中，每一次呼吸都很重要。本章将介绍氧气和二氧化碳之间的关系及它们对运动表现的影响，身体如何适应氧气和二氧化碳，以及促进氧气供应以提高耐力的呼吸原则。

了解氧气和二氧化碳如何影响运动表现

虽然呼吸似乎是将外界空气带入我们身体的内部世界以维持生存的简单过程，但有效利用氧气并使其发挥作用则更为复杂。基本上，呼吸是将氧气吸入肺部，然后呼出一种称为二氧化碳的气体。尽管二氧化碳在环境中被视为废物和有毒气体，但它对呼吸至关重要，并在身体中扮演着多种角色。体内的二氧化碳是通过组织代谢产生的，即组织利用氧气并形成二氧化碳。当二氧化碳通过血液从肌肉组织离开时，它成为释放氧气进入细胞所必需的催化剂。本章将探讨这些过程。

呼吸是一个复杂的过程，依赖于呼吸肌的协调和作用（见本书第 2 章），以及大脑中的控制中枢。肺的主要功能是吸入空气，为循环系统提供氧气，并通过呼气将二氧化碳从返回的血液中排出。尽管二氧化碳被视为废物，但我们需要它来刺激呼吸并优化氧合作用。通过舒张血管来实现二氧化碳从组织的离开，这有助于降低血压，使血液流向四肢，并高效地向大脑和心脏供氧。这个过程可以防止神经系统处于紧张状态，从而有助于健康的恢复和适应。

二氧化碳在呼吸中的第 2 个重要作用是在大脑的控制中枢中实现的。当我们体内的二氧化碳过多时，呼吸系统就会适应性地调整呼吸模式，以满足引起血液气体变化的活动需求。在训练过程中，为了向工作肌肉提供能量，身体会增加氧气消耗量，使二氧化碳的产生增多。如果我们无法摄取足够的氧气来满足需求，二氧化碳会因为排出困难而在体内积累，这就会导致血液酸性增加，细胞受损。

为了防止这种情况，控制中枢会通过信号提示我们通过口腔进行深呼吸，以帮助排除体内过多的二氧化碳。

想象一下，你处于溺水或需要呼吸空气时的感觉，这些感觉很不舒服和充满压力。在本书的屏气训练中，你将体验到其中一些感觉。当体内积累二氧化碳过多时，大脑将这种感觉解释为"现在该呼吸了"。二氧化碳始终控制着呼吸节奏，从而调控心脏和大脑的节奏。

为了更好地了解氧气和二氧化碳对运动表现的影响，让我们来看看 2 个关键过程：能量产生和博尔效应。这些过程是加深你对身体如何处理氧气和二氧化碳的理解的绝佳起点。

有氧和无氧能量产生

高效地为细胞供氧对于运动表现至关重要，因为细胞需要氧气通过新陈代谢产生能量。要成为一个持续稳定并保持健康的运动员，我们必须熟悉能量的产生和维持。有时我们需要身体快速产生能量来完成任务，而其他时候，我们需要缓慢持久的能量来维持体能。由于呼吸会影响能量的产生，因此对我们来说，学会控制呼吸的速度、深度和一致性至关重要。

新陈代谢是在细胞中将食物分解成能量的化学反应。当食物被分解为细胞燃料时，首要产物是葡萄糖。当葡萄糖与氧气在细胞中结合时产生二氧化碳、水和三磷酸腺苷（ATP）。一个简单的类比是将自己视为一辆汽车，而 ATP 就是使其运行的燃料。身体利用这种燃料产生肌肉收缩和运动所需的动力。没有这种燃料，你的汽车将无法前进。

ATP 以两种方式为身体提供能量：有氧代谢和无氧代谢。有氧呼吸是最高效的代谢形式，需要氧气参与。这种能量形式容量巨大，但无法快速释放能量。相比之下，另一种代谢途径——无氧呼吸，也能将葡萄糖转化为 ATP，而且这是在没有氧气参与的情况下进行。无氧呼吸可以产生爆发性能量，但由于其依赖于肝糖原，这种产生能量的方式仅用于强度较高的运动。

理想情况下，我们在大多数时间都使用有氧代谢系统。这不仅有助于我们维持和控制身体的能量，还包括心理和情绪能量。当运动员处于稳定的有氧状态时，他们能够通过血液中的氧气为身体的肌肉提供能量，而无须额外的能量。当强度增加，运动员无法满足肌肉的能量需求时，身体会使用无氧代谢系统，无氧代谢通过一种称为糖酵解的过程使用体内储存的葡萄糖。从进化的角度来看，如果我们的祖先需要逃离狮子，糖酵解是宝贵的燃料系统，能给予他们即时的速度和能量来逃跑。想象一下你在公园散步时进行有控制的鼻呼吸，然后在短跑时进行不规律的口呼吸。如果附近有狮子，你很可能不会平静地用鼻呼吸，而会在冲刺时进行口呼吸来逃离。

我们在需要速度和力量的激烈活动中使用无氧代谢和大口呼吸。当能量需求较低时，我们使用有氧代谢。口呼吸用于迅速吸入氧气并排出二氧化碳。当肌肉产生速度和力量时，组织会更快地代谢并在体内积累二氧化碳。我们的自然反应是通过口腔迅速呼吸，将过多的二氧化碳排出。然而，快速清除体内的二氧化碳意味着将会减少氧气传递给肌肉组织，因为我们需要二氧化碳帮助血红蛋白释放氧气。本书通过例子和提供训练方法来培养运动员进行鼻呼吸，以尽可能保持较低的呼吸频率，并最大程度地增加氧气摄入。

时刻注意自己的呼吸方式很重要。如果你不需要逃离狮子，就没有必要通过口呼吸或过度呼吸，在日常活动和低强度有氧运动中应该使用有节制的鼻呼吸。这需要一个长期适应的过程，但要让你的呼吸来主导。为了帮助保持一致性，在进行重负荷训练或比赛前热身也应该通过鼻子进行缓慢呼吸。这将有助于保持较低的呼吸频率，并充分调动膈肌运动。

尽管大多数教练建议在训练和比赛中同时通过鼻子和嘴巴呼吸，本书的独特关注重点是在用尽能量的同时尽可能长时间地训练鼻呼吸的能力。这不仅能够帮助运动员注意他们的呼吸，还能训练他们尽可能长时间地缓慢呼吸。尽管在训练和比赛中有时需要使用口来呼吸大量气体。然而，鼻呼吸可以保持较低的呼吸频率，并且本书中提到了保持较低呼吸频率的重要性。通过在低强度活动中专注于用鼻呼吸，你将通过较低的呼吸频率更有效地为肌肉提供氧气。同时，这也会保持你的神经系统处于放松状态，远离感知威胁的状态。

例如，在长跑过程中，最好尽可能保持持续轻盈的呼吸，这通常意味着我们需要专注于有节制的鼻呼吸。这是因为长跑是有氧运动。当长跑者接近终点时，他们可能开始呼吸急促，并通过嘴来呼吸，但其目标是尽可能地延迟采用大量口呼吸。短跑运动员在 100 米的短距离内会尽可能快地耗尽所有能量，而不会在如此短的时间内关注如何控制自己的注意力。你会注意到短跑选手在短跑时会立即开始用嘴呼吸，因为他们需要短时间内爆发出大量能量来满足冲刺的需求。在这种情况下，保持较低的呼吸频率并不是短跑运动员的首要任务。

要提高高强度表现并适当地使用储备能量，你必须从低强度活动开始，以最大化有氧代谢能力。然后，可以开始增加无氧训练，以延迟出现疲劳的时间点。通过控制较慢的呼吸来建立基础和有氧能力，你可以拥有更强大的运动能力，建立更高的阈值来承受训练和比赛的压力和满足它们的需求。有了更强大的动力系统，你能够更持久地保持能量水平。

运用装备系统

小时候，我们听过关于乌龟和兔子比赛的故事。兔子迅速领先，它对胜利充满信心，甚至打起盹来。乌龟虽然行动缓慢，但从不停歇，最终赢得了比赛。这个寓言的寓意是，通过稳健缓慢地前进，而不是匆忙地行动，你将会更加成功。

布赖恩·麦肯齐（Brian Mackenzie）是一名人类表现专家，也是呼吸教育诊所"呼吸之道"的共同创始人，他用这个寓言来解释有氧能量和无氧能量之间的价值和差异。兔子可能跑得很快，但不能跑远；而乌龟虽然速度不快，却可以走得很远。我们像乌龟一样利用有氧能量，可以走得更远，持续更久；而像兔子一样利用无氧能量，可以迅速而有力地移动。作为运动员，我们可以选择使用哪种动物的运动方式。当我们通过鼻子呼吸时，就像乌龟一样，利用有氧能量，激活副交感神经系统，同时保持较低的心率。而当我们通过口呼吸时，就像兔子一样，利用无氧能量，激活交感神经系统，产生"战斗或逃跑"的反应和更高的心率。

一方面，在体育运动中，我们有时需要像兔子一样行动，快速移动并燃烧能量，比如在进行高强度训练时、训练结束时，或在冲刺时。另一方面，我们有时需要缓慢行动，燃烧更少的能量，就像乌龟一样。我们来比较一下棒球比赛中的先发投手和救援投手。先发投手被期望投多局并在比赛中坚持到底，而救援投手则只需投一两局。先发投手希望保存能量并且不会过早疲劳，而救援投手则不太关心如何节约能量。先发投手必须更长时间地保持受控的呼吸。他们需要意识到何时要像乌龟一样行动，何时要像兔子一样行动。这可能意味着他们需要在局间休息时放慢节奏，专注于减缓呼吸，或者只专注于缓慢的鼻呼吸。救援投手可能不太关心成为乌龟或控制呼吸节奏的需要，因为他们只需要短时间内进行竞争。这与长跑选手和 100 米短跑选手对能量使用不同期望的例子类似。能量使用因个体、角色和运动项目的不同而不同。

麦肯齐和与他共同创立 "呼吸之道" 的罗布·威尔逊（Rob Wilson）开发了一个 5 挡系统，以帮助运动员确定何时应该节约能量，何时应该使用能量。或者换句话说，何时应该像乌龟一样行动，何时应该像兔子一样行动。许多时候，运动员试图强迫鼻呼吸，这会对身体造成额外的压力，并适得其反。这个挡位系统是一个指南，可以帮助运动员了解他们正在使用的能量系统以及完成特定任务的呼吸需求。第 9 章在冷暴露训练中使用了类似的挡位系统。在这里，这个 5 挡系统旨在帮助运动员理解鼻呼吸与口呼吸的能量需求差异。

1 挡——鼻吸气 / 鼻呼气。

2 挡——有力鼻吸气 / 鼻呼气。

3 挡——有力鼻吸气 / 有力鼻呼气。

4 挡——鼻吸气 / 口呼气。

5 挡——口吸气 / 口呼气。

博尔效应

1904 年，丹麦医生克里斯蒂安·博尔（Christian Bohr）发现，二氧化碳有助于将氧气从血液释放到细胞中。血红蛋白存在于红细胞内，氧气通过血红蛋白运输到全身。如果血液中的二氧化碳含量足够低，氧气和血红蛋白会保持结合状态，肌肉组织将无法从血液中获取氧气。博尔发现，二氧化碳是导致血红蛋白释放氧气并提供给组织的催化剂。他认识到，体内二氧化碳越多，氧气传递就越高效。

那些使用呼吸练习来更好地利用体内氧气的运动员应该了解博尔效应。运动员越能维持较低的呼吸频率，就越能更好地处理二氧化碳的积累。在比赛的某个时刻，运动员会感到气喘或惊慌。血液中的氧气水平并不是问题所在；相反，让运动员感觉无法得到足够空气的原因是他们将氧气输送到细胞的能力。他们很可能存在过度换气和过度呼吸，从而排出过多的二氧化碳。

当二氧化碳水平升高时，博尔效应导致肌肉和组织释放更多氧气。它有助于将氧气传递到最需要氧气的骨骼肌等代谢组织。如果肌肉没有氧气，它们就不能工作。如果肌肉不能工作，运动员就不能工作。通过减缓呼吸速度并训练大脑和身体在压力和剧烈运动时对二氧化碳积累的耐受，运动员将更长时间地保持全身氧合。博尔效应很重要，因为随着呼吸肌中的二氧化碳增加，这些肌肉中的氧气传递也会增加。这有助于运动员继续进行剧烈活动，并以更低的呼吸频率继续发挥能量。

最大化二氧化碳耐受性

当你运动时，产生的三磷酸腺苷（运动所需的能量）会产生二氧化碳。二氧化碳水平开始上升，并最终达到一个需要身体清除的点。这个点就是你的二氧化碳耐受性，或者说是二氧化碳敏感性。如果你的二氧化碳耐受性较低，当你需要在低强度水平下更加用力和快速地呼吸时，会使得细胞交换氧气到最需要的肌肉中变得更加困难。你会更频繁地感到气喘，并更快地进入疲惫状态。好消息是，你可以提高你的二氧化碳耐受性并提高你的基准水平，这将提升你的表现。为了改善这种耐受性，你应该在训练中采用仅用鼻进行呼吸的方式，学会如何与呼吸流畅同步，并在比赛内、比赛外定期进行呼吸屏气。以下是控制呼吸和将屏气技巧融入训练的一些好处。

- 增加身体对二氧化碳的耐受性，让身体在体力活动中能够处理浓度不断上升的二氧化碳，这样你就自然会呼吸得更慢。
- 增加有氧耐力（创造更大的动力源）。
- 更有效地给细胞供氧，减轻呼吸系统和心血管系统的负担。
- 管理能量。

通过鼻呼吸

鼻呼吸使我们能够在积极使用膈肌的同时呼吸得更慢。这是最佳的呼吸方式。始终保持鼻呼吸可以自动保持体内的二氧化碳水平，使我们能够更有效地向肌肉组织供氧，并保持一种平衡状态。随着时间的推移，当我们专注于鼻呼吸时，我们增加了对二氧化碳积累的耐受性，从而提高了运动表现。

强迫自己改变呼吸方法一开始可能会很困难。让自己以初学者的心态进入这个过程，并牢记最终目标：在休息和恢复期间完全通过鼻子呼吸。除了进食和交谈等必需活动之外，将口呼吸保留给高强度训练和比赛。你要训练自己在应对压力时通过鼻子进行缓慢呼吸，这将在比赛中实现最佳表现。例如，在瑜伽中，一个重要原则是能够在保持困难的体位时控制呼吸，为了做到这一点，你需要减缓呼吸，并在不适的体位中找到舒适感。当你训练自己通过鼻子呼吸时，你可能会感觉自己在退步。取得进步需要大量的意愿和专注。你可能需要减小训练强度或减少训练组数和次数。你的身体会适应，然后你将能够像往常一样训练，只不过这一次你将只通过鼻子呼吸。

　　随着运动强度的增加，开始大量口呼吸时，你将开始过度换气。你的心率迅速上升，无法向肌肉组织提供足够的氧气来满足其需求，此时你进入了无氧状态，能量来源有限。本书的目标是教会你如何在体育锻炼中更长时间地通过鼻子进行呼吸。你还将学会如何在高强度运动和口呼吸的重要时期平静神经系统，并如何将呼吸与运动配合以最大化氧气摄入量。改善这些系统使你能够在训练中更加努力，同时持续更长时间。这不仅可以帮助你在竞争中提高身体自信，还可以提高心理自信。

　　以下是可以在全天保持身体平衡状态，并建立持续性鼻呼吸习惯的几种方法。你应该养成专注于鼻呼吸的习惯，这样你就能够识别与平衡状态相关的心理和生理感受。

- 开始建立对持续鼻呼吸的耐受性的最简单有效的方法是停止通过嘴呼吸，除了进食、交谈和高强度活动外。
- 在训练中和训练间歇期，睡眠和恢复期间都通过鼻子进行呼吸。专注于在高强度训练后恢复鼻呼吸。当进入另一项运动项目时，以及在比赛间歇或比赛中场休息或延迟时保持鼻呼吸。
- 练习通过鼻子进行呼吸，将呼吸频率降低到每分钟 5 ～ 6 次。每天早晚练习 10 ～ 60 分钟。
- 训练大脑和身体最终通过鼻呼吸完成整个锻炼过程。先从低强度有氧活动，如散步、骑车或慢跑开始。
- 白天和晚上使用口腔贴纸，让身体逐渐适应持续的鼻呼吸，还可以在工作、阅读、写作或看电视时使用口腔贴纸。

将呼吸与运动结合

当我们呼吸时，适当的呼吸可以确保氧气充分流通到身体各部位，为细胞和组织提供能量。在人类运动表现领域，呼吸与运动的流畅结合是一种长期的实践。低效的呼吸可能导致肌肉不平衡、运动技能改变以及对运动表现有害的生理适应。

2014 年的一项研究显示了呼吸模式紊乱与运动功能障碍之间的直接相关性（Bradley and Esformes，2014）。该研究使用功能性运动筛查来准确预测那些不良运动模式的个体是否容易受伤。测试得分低的受试者在伴有不良生化和生物力学呼吸时表现出呼吸障碍模式。在许多情况下，运动员并不知道他们的呼吸存在问题，这增加了他们存在不良运动模式的风险。

正如本书第 2 章中所讨论的，呼吸过程中的正确生物力学运动应该是胸廓的横向移动，而不是纵向移动。以下练习可以帮助你认识到膈肌的正确运动和适当的力学。站立或坐直，将双手放在胸廓两侧（见图 3.1）。完全通过鼻子呼吸，吸气时感觉下肋横向或水平扩张，手掌和手指感觉这种扩张。每次呼气时，肋骨应该向内移动，膈肌回到胸廓下方。在呼吸时，将舌头放在口腔顶部，放松下颌。为了得到即时的反馈，可以在镜子前进行练习。

横向呼吸，特别是在运动过程中，有助于保护脊柱和促进良好的姿势。呼吸肌群的减弱会导致运动表现下降和受伤的风险增加。这是因为当脊柱不受膈肌运动的保护时，身体会进行代偿，从而导致不良的姿势（例如圆肩，颈部前倾，上半身、背部和颈部肌肉紧张）。不难想象，坍塌的身体姿势会如何影响我们的呼吸和整体表现。

图 3.1　练习：学习正确膈肌运动的呼吸机制。a. 吸气时感觉下肋横向或水平扩张；b. 呼气时感觉肋骨向内移动

在低氧环境下呼吸

在提高表现方面，将自己置于低氧环境（例如高海拔地区）以进行训练具有许多好处。这种训练称为低氧训练，指的是血液中氧气含量较低（低氧血症）。多年来，在奥运会水平，这种训练已经非常普遍。约翰斯·霍普金斯医学院（Johns Hopkins School）的格雷格·塞门扎博士（Dr. Gregg Semenza）、达纳-法伯（Dana-Farber）癌症研究所和哈佛医学院的威廉·凯林（William Kaelin）博士，以及牛津大学和弗朗西斯·克里克（Francis Crick）研究所的彼得·拉特克利夫（Peter Ratcliffe）爵士，因为他们发现了细胞如何感知和适应氧气变化，所以获得了 2019 年诺贝尔生理学或医学奖。简而言之，身体处于低氧水平会导致肾脏产生更多的促红细胞生成素（EPO），由于 EPO 控制红细胞的生成，低氧环境刺激身体适应性地产生更多携氧红细胞。红细胞越多，输送到工作肌肉中的氧气就越多；而工作肌肉得到的氧气越多，运动员就越能在更高强度下工作更长时间而不感到疲劳，因此低氧训练具有明显的优势。

著名的维姆·霍夫（Wim Hof）方法

维姆·霍夫方法以荷兰极限运动员维姆·霍夫的名字命名，是一种模拟受控的过度通气后屏住呼吸的呼吸练习。在过度通气时，血氧饱和度升至100%，然后在屏住呼吸时血氧饱和度则会下降。运动员可能会发现，在进行这种方法练习时，他们可以屏住呼吸的时间比正常屏住呼吸时长得多。这是因为屏气时二氧化碳被快速释放，以至于化学感受器无法察觉到呼吸的需求。

维姆·霍夫通过展示自己对极端寒冷和高海拔的耐受力而使这种呼吸练习广受欢迎。霍夫以只穿短裤攀登珠穆朗玛峰而闻名。2015 年，他和一群业余远足者攀登了这座山，并创造了一项吉尼斯世界纪录。他还保持着在冰水浴中坐 1 小时 52 分钟 42 秒的吉尼斯世界纪录。霍夫将这种非凡的耐力和能力归功于他的呼吸方法。

功能性磁共振成像（fMRI）分析支持了他的说法。fMRI 表明，维姆·霍夫方法能够激活超越疼痛或寒冷刺激的主要控制中心。通过深呼吸，霍夫能够使血液更具碱性，这可以在短暂时间内关闭脑干中的疼痛感受器，使他能够忍受突然的寒冷温度。

这种技巧对于任何没有潜在健康问题的人都是安全的，只要他们不是在水中或正在驾驶。过度通气后屏住呼吸可能会使人感到头晕或晕厥。如果发生这种情况，应专注于通过鼻子缓慢而有节奏地呼吸。本书第 2 部分提供了有关过度通气呼吸练习的指导。人们报告说，经过几轮类似维姆·霍夫方法的呼吸练习后，他们会感到冷静。如果呼吸练习带来了清晰、专注和控制，那么它就是有效的。如果呼吸练习带来焦虑、恐慌和担忧，那么它就不是有效的。

许多研究已经表明了在低氧环境下进行训练的积极效果。然而，我们并不需要去高海拔地区才能获得这些好处。意大利心脏病学教授卢恰诺·贝尔纳迪（Dr. Luciano Bernardi）发现，一组职业登山者在尝试攀登珠穆朗玛峰前的两年时间里每天练习呼吸一小时，每分钟进行 6 次呼吸，从而在攀登过程中能更好地利用氧气（Bernardi et al., 2006）。通过训练每分钟减少呼吸次数，登山者们改善了他们在低氧环境下的适应能力。研究中的这组登山者在没有辅助氧气的情况下成功登顶，并且呼吸频率只有每分钟 10 次。而对照组的职业登山者没有进行呼吸练习，他们需要使用氧气罐，并在峰顶时感到呼吸困难。两组之间的主要差异在于呼吸频率，研究中的这组登山者的呼吸次数远低于对照组。

贝尔纳迪博士发现，练习呼吸的登山者能够利用肺部表面积的 80%，而大多数运动员通常只能利用 20%。贝尔纳迪博士还发现，每分钟 6 次的呼吸频率会导致手脚的毛细血管扩张，从而使四肢的血液流量最大化（Brown et al., 2012）。这对于那些在比赛中依赖手臂和腿的运动员可能会提供重要优势。

减少每分钟呼吸次数是屏住呼吸或创造低氧环境的一种方法。其他模拟低氧环境的方法将在本书第 6 章中探讨，但现在你需要知道的是，当练习低氧环境的呼吸时，你要在呼气后屏住呼吸。当你呼气时，肺部的空气量减少，这会导致二氧化碳更快地积累。当你大脑中的化学感受器对血液中较低的氧气水平和较高的二氧化碳水平产生反应，并告诉你的大脑是时候呼吸时，这种积累可能会让你感觉不适和害怕。氧气水平越低，二氧化碳水平越高，这些信号就变得越紧急。因此，开始这些练习时要慢慢进行。通过缓慢而有节奏的呼吸和屏住呼吸来训练自己管理低氧情况，这可以降低化学感受器对低氧（氧气过少）和高碳酸血症（二氧化碳过多）的敏感性，从而减轻恐慌反应。

以下是屏住呼吸和低氧练习的好处。这将帮助你了解屏气时会发生的情况。

- 增加二氧化碳耐受性，提高有氧耐力。
- 增加一氧化氮，从而扩张血管并打开鼻腔通道。
- 增加膈肌的力量。屏住呼吸会使膈肌收缩，随着时间的推移，这会增强膈肌，改善其在运动中的功能。
- 增加红细胞，改善细胞和肌肉组织的氧合。
- 增加心理适应能力和专注力。

帕特里克·麦基翁（Patrick McKeown）是《氧气优势》（*The Oxygen Advantage*）和《呼吸疗法》（*The Breathing Cure*）的作者，他经常与运动员一起使用呼吸屏气练习，特别是呼气屏气，以提高运动表现。在与麦基翁博士的对话中，他表示通过屏住呼吸，"我们刻意诱导一种超出高强度间歇训练期间所体验到的呼吸急促的状态。我们也许训练了大脑。我们可能要重设中央控制器。我们告诉身体，你可以在不过度的情况下更加努力和更快地推动自己。"麦基翁指出，训练中的强制性屏气"打开了气道，打开了鼻子，打开了肺的支气管。我们还增加了大脑的血液流量，以及给呼吸肌增加了额外的负荷"。他还表示，很少有人在训练中这样做，但那些这样做的人将会受益匪浅（个人交流）。

现在停下来，放下书，进行一次正常呼吸。在呼气后屏住呼吸，直到你感觉急需呼吸。当这种感觉出现时，进行有控制的吸气。不要担心屏住呼吸的时间长短；而要专注于控制自己的反应。练习得越多，你就越能提高你在身体中超越压力信使的能力。屏住呼吸训练不仅可以提高你的生理耐力，还可以增强你的心理适应力。

本章的目标是建立你对呼吸如何影响能量、从而影响运动表现的更深刻理解。获得正确呼吸的长期益处需要持续练习。如果很难找专门的时间进行练习，可以利用一天中的碎片时间集中精力进行纯鼻呼吸：比如在训练或比赛前热身的时候，甚至只是在散步时。停下来感受你的呼吸，并确保用鼻子呼吸。一天中的这些时刻为你提供了最大化每次呼吸的机会。同时，集中注意力将你的呼吸与运动相结合。最终，你将能够在不用思考的情况下做到这一点，并在运动的同时与呼吸保持配合。最后，通过屏住呼吸练习来增加对二氧化碳的耐受性并加强身体的神经系统。本书中的许多练习都涉及屏气。重要的是要逐渐适应这种感觉，这样你就可以把屏气纳入你的日常训练中，并从这种训练所导致的适应性中受益。随着时间的推移，你将了解自己的气体储备深度，并知道何时应该像乌龟一样平稳，何时应该像兔子一样快速。

第 4 章
情绪与呼吸

大多数运动员都会认同这一点：要达到并保持巅峰表现，他们必须控制自己的情绪。情商是一个人理解、运用和管理自己情绪的能力，从而以积极的方式控制自己、缓解压力、有效沟通、克服挑战，以及同情他人。情商高的运动员了解自己的身体，并与呼吸建立联系，更好地意识到自己情绪所传达的信息。运动员在管理自己情绪的同时，也能理解周围人的情绪，这使他们产生更大的自我意识和自我控制。这还使他们成为更好的队友和沟通者，并更具备在紧要关头做出决策的能力。创造积极的呼吸模式有助于人们保持头脑和身体的敏锐状态，这对实现情绪平衡至关重要。在本章中，你将学习到呼吸与思维和情绪的密切联系。通过这种理解，你可以利用呼吸的力量克服不理性的情绪和消极的思维。

呼吸及其对情绪的影响

平均而言，我们每天呼吸 2 万次，这个数字可能高达 2.5 万次或低至 1.5 万次。关键是，我们每天要进行大量的呼吸。大部分呼吸发生在我们不进行训练或比赛时，长期过度呼吸或口呼吸可能会显著增加我们一天中的呼吸次数。本书始终强调要学会更有效和更高效地呼吸，以便在日常生活中呼吸得更加缓慢。在之前的内容中，我们了解到更高的呼吸频率，尤其是通过口呼吸，会激活交感神经系统并引发"战斗或逃跑"反应。当我们的呼吸持续急促时，我们无法进行逻辑思考，从而会影响运动表现。因此，本章继续支持减缓呼吸和鼻呼吸的原则。

当身体处于稳态且呼吸缓慢时，内心会感觉平静。当身体失去平衡时，精神会陷入消极思维和情绪失控的状态。在运动中，这会通过情绪的激烈反应、崩溃和沮丧表现出来。这些不良行为影响了运动表现，并影响了运动员运动生涯的长期发展。本章概述了呼吸对思维和情绪的影响，以及影响记忆的进化原理，这些原理使人类得以生存。

在人类的大部分历史上，我们基于恐惧的大脑需要保护我们免受伤害。而我们需要感官来引导我们度过生活。如果它闻起来变质了，就不要吃。如果听起来令人担忧，就逃跑。对这些刺激的反应可能会导致我们加速口呼吸，这意味着危险可能降临。尽管如今大多数人有安全的食物来源，也不太可能面对猛兽，但我们的呼吸仍然会发生这些变化。现今，焦虑很可能是由于担心同伴对我们的看法、接收的新闻，或者我们的工作状况而引起的。人类之所以会过度呼吸，不仅是因为我们最近的弱化下颌和久坐不动的生活方式，还在于我们持续受到的不断刺激。

此外，现代生活方式也可能导致不良的呼吸习惯。正如在第 1 章中讨论的那样，长期口呼吸和上胸部呼吸会激活交感神经系统。持续处于兴奋状态的交感神经系统会让我们处于焦虑和紧张的状态。持续的压力减少了刺激和我们对其反应之间的时间，这往往会导致不恰当的反应（我们将在本章后面进一步讨论此问题）。压力通过消极的思维和自我对话导致情绪失衡，这使我们处于恐惧、焦虑、抑郁、痛苦或其他消极状态之中。我们的思维和自我对话在很大程度上影响了这些体验；因此，需要控制并扭转长期不当的呼吸模式，以使我们的神经系统从交感状态（战斗或逃跑状态）转为平静状态。否则，我们会不断感觉自己像是在逃避猛兽，这将极大地影响我们实现最高运动表现水平。

今天，许多针对运动的心理技术训练计划主要关注我们的思维方式，以及我们如何根据自我对话做出决策，如何控制思维和情绪来重新塑造我们的态度和信念。就像我们积极思考的能力可以改变身体的生物学一样，不适当的呼吸也可以使重新塑造我们的态度和信念变得困难。尽管我们可以努力做好思想准备，但当压力加大，紧张情绪升高时，我们的身体表现、认知控制和情商都取决于呼吸。我们可以在那一刻成功，也可以在那一刻自毁，这取决于我们的呼吸方式。

当我们使用本书后面介绍的练习来平衡情绪时，要记住，运动之所以令人兴奋，是因为没有人知道比赛的结果。这使它成为无法控制的时刻的体验，只有头脑冷静、情商高的运动员才能应对的比赛问题。当你对自己的呼吸更加自信时，你将更有能力管理自己的生理状态，创造心理空间以在压力下理性地表现。你的呼吸将在刺激和你对刺激的反应之间创建心理空间，以帮助你做出理性决策，因为这两者之间的空间在不断扩大。

呼吸及其对大脑情绪中枢的影响

　　情绪是复杂的感觉，会导致身体和心理上的变化，并影响思维和行为。我们的情绪是身体对神经、生理和认知经验的解释的反应，基于过去的经历并通过释放激素来实现。这意味着，不仅我们的思维，还有我们的大脑化学反应和生理过程也会产生情绪。尽管我们的思想和行为可能引发情绪，但我们可以学会使用呼吸来调整我们的神经系统，使其与我们期望的思想和行为相一致，从而使我们的呼吸成为大脑情绪中枢控制的焦点。

　　边缘系统是大脑负责情绪和行为的部分（见图 4.1）。这个大脑区域位于脑干上方和大脑皮层下方。它负责满足我们的许多生存需求，如进食、繁殖、照顾后代，以及"战斗或逃跑"的反应。边缘系统中有丘脑和下丘脑，负责我们的口渴和饥饿感及情绪；海马体负责记忆和学习；杏仁核负责我们的愉悦、恐惧、焦虑和愤怒感觉。杏仁核还将记忆与情绪联系起来。

　　边缘系统内的两个主要结构——海马体和杏仁核——将在基于恐惧和记忆来调节和管理情绪的能力中发挥重要作用。海马体负责学习和保存记忆。想象一下你上次回家吃了一顿家常菜。你妈妈做饭菜的香味可能引发情绪反应和记忆。这是因为鼻子向海马体发送了感官信号，刺激了海马体。气味唤起了关于那顿饭的记忆，而由此产生的情绪是由杏仁核触发的。杏仁核位于海马体旁边，将情绪与我们的记忆联系在一起。这两个位于边缘系统的中枢负责情绪反应。

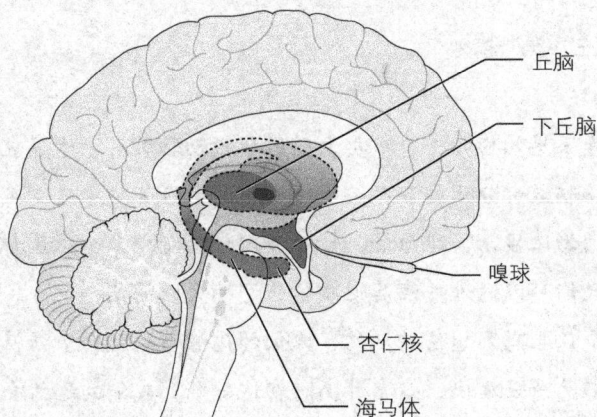

丘脑

下丘脑

嗅球

杏仁核

海马体

图 4.1　大脑边缘系统

三重脑

在 20 世纪 60 年代，神经科学家保罗·麦克莱恩（Paul MacLean）提出了"三重脑"模型（见图 4.2），将人脑分为以下 3 个部分。

- 爬行动物脑，或原始脑——负责体内平衡、唤醒和生殖（由基底神经节控制）。

- 古哺乳动物脑，或情感脑——负责学习、记忆和情绪（由边缘系统控制）。

- 新哺乳动物脑，或理性脑——负责意识思维、自我意识和语言表达；直到我们 20 岁左右时才完全发育（由新皮层控制）。

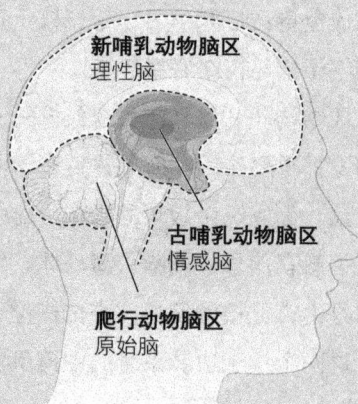

新哺乳动物脑区
理性脑

古哺乳动物脑区
情感脑

爬行动物脑区
原始脑

图 4.2 "三重脑"模型

在麦克莱恩的模型中，人类大脑的爬行动物脑区、古哺乳动物脑区和新哺乳动物脑区部分试图共存。最近的研究已经否定了麦克莱恩的模型，因为最新的影像显示，在原始、情感和理性体验中多个脑区都是活跃的，这意味着我们可以通过关注其他脑区来影响大脑的某一部分。如果我们开始想起一个让人感到悲伤的记忆，我们的边缘系统就会激活情绪。这可能会导致我们的呼吸加快，心率升高。在这一刻，我们的思维会根据我们正在感受的情绪和呼吸方式而发生改变。这是大脑影响心智和身体连接的各个方面的一个例子。麦克莱恩的模型可能已经过时，但"三重脑"模型为理解大脑如何随时间发展提供了一个简单的解释。我们可以利用这个模型更好地理解人类大脑的运作方式，以及我们冲动行为的根源、情感的体验和自我意识所存在的脑区。因为我们对呼吸有自主控制权，所以我们有能力在整个大脑中调节情绪和思维，同时引导能量和注意力的流动。最初的麦克莱恩"三重脑"模型没有考虑到大脑各个区域之间的联系。

大脑边缘系统通常保留与强烈情绪反应相关联的记忆。因此，恐惧体验比非恐惧体验更快地形成并固化在边缘系统中。当我们的感官接管并触发自主神经反应时，我们的呼吸与刻在我们大脑中的记忆联系在一起。例如，当我们听到之前曾引起过恐惧（或类似声音）的不愉快声音时，它会触发杏仁核提取出那段经历的记忆。于是，我们的呼吸频率在潜意识中增加，心率飙升，我们开始感受到恐惧。

最近关于呼吸意识如何调节情绪和情感的研究集中在边缘系统上。费恩斯坦医学研究所对有节奏的呼吸进行了研究，探索呼吸对大脑的影响。一种特定的呼吸方式，称为节奏呼吸，使用脑干以外的神经网络来帮助调节应对压力的反应。在研究中，参与者在进行快速和缓慢节奏呼吸的练习时接受了脑部扫描，以观察大脑对不同呼吸练习的反应。研究发现，杏仁核区域的活动表明，一个人的快速呼吸频率可能会触发焦虑的脑部状态，或愤怒或者恐惧等感觉状态。相反，可以通过放慢呼吸来减少恐惧和焦虑。

训练和比赛会自然地加快呼吸，这会激活交感神经系统。在竞技表现中，这是可以接受的，因为运动员希望产生肾上腺素并在兴奋状态下进行训练和比赛。然而，同样重要的是，运动员需要学会如何从体育所经历的急性交感活动中进行心理和身体调整，并在比赛以外将注意力集中在缓慢呼吸上，以减少交感活动并解决应激反应。在费恩斯坦医学研究所的研究中，参与者能够利用呼吸的节奏来激活大脑的特定区域。在表现领域，这意味着运动员可以利用呼吸节奏来管理他们的兴奋状态。在训练和比赛中，随着肾上腺素的释放，呼吸频率会增加，运动员必须能够控制这一点，才能够适应和恢复。其中一种方法是在训练和比赛之外练习缓慢呼吸。

我们与嗅觉的联系

对大鼠大脑边缘系统的一项研究发现，这些大鼠的嗅觉中枢存在着鼻－脑连接。科学家发现，大鼠通过气味将记忆和情感联系在一起。气味的刺激通过嗅觉系统传达到边缘系统。研究表明，人类也会将气味与情感和记忆联系在一起。这就是为什么衣服的气味或特定香水的味道会触发对特定人、地方或某一时刻的记忆。反过来，引起疾病的食物的气味会引发厌恶的感觉。这是嗅觉系统向边缘系统发送信号的过程，每当信息到达边缘系统时，就会引发情感反应。

位于前脑的嗅球接收神经输入，并在检索由气味触发的记忆方面起作用。人们认为这些嗅球负责对大脑的信息处理。它们位于鼻腔的顶部，就像风铃一样。当风铃的声音变得响亮和混乱时，我们知道天气正在变化。风、雨和雪影响着风铃的空气流动。嗅球的功能类似：当气流将气味或颗粒带入鼻子时，嗅球受到刺激，就像风铃一样向边缘系统发送信号，触发情感反应。

通过呼吸调控情绪状态

通过吸气和呼气，你的情绪受到呼吸方式的调控。当你处于交感神经兴奋状态——例如焦虑或恐惧时——你的呼吸是浅促的。当你感到放松和满足时，你的呼吸是平静、缓慢和深长的。在一天中通过鼻子保持缓慢、安静和有节奏的呼吸可以让你处于副交感神经状态，使你保持健康。在训练或比赛中使用这种有意控制的呼吸技巧可以让你在竞技比赛中处于优势地位。一个简单的管理呼吸的技巧是在一天中不断询问自己是否感觉像是在逃离一只猛兽。如果你感觉你的呼吸紊乱或者无法控制自己的情绪，那么你的神经系统可能感觉附近有一只狮子。在运动中，你只希望在训练或比赛中让神经系统处于紧张状态。在生活的其他方面，不应该有狮子的存在。

你对世界的感知和主观的看待方式是通过你的呼吸所学习和受到影响的。可以说你的呼吸是你的导师。让你控制神经系统的呼吸练习始于缓慢而有节奏的呼吸。第 2 部分的练习提供了多种方法来做到这一点。现在，坐着或躺着，找一个有支撑的舒适姿势。闭上你的眼睛和嘴，通过鼻子悄无声息地呼吸。将注意力集中在感受呼吸的进出。当思绪浮现时，把注意力重新集中到呼吸上。从每天 1 ～ 2 次的 5 ～ 10 分钟的缓慢、有意识的呼吸开始，逐渐增加到 20 ～ 30 分钟。较慢的呼吸由副交感神经支配，而不是处于交感和副交感状态之间的平衡，从而创造出一种宁静和警觉感，这对于全天所有活动来说都是理想的。

　　在你的面前放置一个时钟或秒表，然后跟随秒针的走动呼气和吸气。用 5 秒吸气，暂停一下，然后用 5 秒呼气，再暂停一下。不必担心与时钟上的秒数完全匹配，只需将其作为指导，让你的注意力集中在呼吸上。这个节奏应该会导致每分钟呼吸 5 ～ 6 次。这样缓慢的呼吸会打开毛细血管，促进四肢的血液流动和氧合。年轻的运动员可以呼吸得更快，减少呼吸时间。他们应该在他们的自然注意力范围内遵循他们的呼吸，通常为 2 ～ 5 分钟。10 岁及以下的运动员应该每分钟呼吸 10 次，并在吸气和呼气时跟随时钟 2 ～ 3 秒，在吸气和呼气之间暂停。

控制兴奋水平和心流状态

　　当控制情绪的能力较差时，我们可能会经历消极的思维、消极的自我对话和负面情绪。很可能当我们经历这些情况时，我们的兴奋水平增高并且失去平衡。最佳的生活状态，即心流状态，是当我们与我们的使命保持一致，与自己的价值观相连，并扎根于当下。心流状态对于巅峰表现是必需的，也是自我表达的最终自由。当我们感觉能够在最高水平上表现而不需要额外的努力时，那就是心流状态。当我们发现自己处于心流状态之外时，我们陷入了兴奋水平升高的状态。如果我们的呼吸没有得到有效管理，它会让我们失去平衡并打破心流状态，导致不必要的激活。

　　兴奋水平可以分为两类：过度兴奋和兴奋不足。过度兴奋是一种当我们将某事视为威胁时所经历的高度焦虑状态。当我们担心、紧张或害怕时，我们处于过度兴奋状态。即使威胁已经不存在，我们也能体验到这种焦虑状态。这可能发生在我们被过去比赛中的错误或者害怕未来的失败所困扰时。这些都不在当下发生，这意味着心流状态被打破了。过度兴奋会导致过度呼吸，进而导致过度通气。持续过度兴奋状态可能会引发焦虑、惊恐发作和疲劳。兴奋不足是一种感觉情绪麻木或者社交退缩的状态。这种兴奋状态可能会因创伤性记忆和特定的负面情绪而触发。处于兴奋不足状态可能会让我们感到悲伤、沮丧或者慢性疲劳。持续的兴奋不足状态可能导致我们呼吸不足或屏住呼吸，导致大脑模糊、记忆丧失及睡眠障碍，比如睡眠呼吸暂停。

有助于将心流状态比作两岸之间流淌的一条河：过度兴奋和兴奋不足（见图 4.3）。就像深而宽的河床可以让水流顺畅地流动而不溢出河岸一样，你可以在头脑中创造空间来支持心流状态，并减少在长时间内经历过度兴奋或兴奋不足状态的可能性。你头脑中的这个空间使你能够自由选择应对实时刺激和体育竞技压力的方式。如果你思维中的空间很浅或很窄，你的反应将是反应性的和非理性的，这会导致你在压力下崩溃。思维中有足够的空间可以持续维持心流状态，增强自我意识，改善批判性思维，并带来情绪稳定。

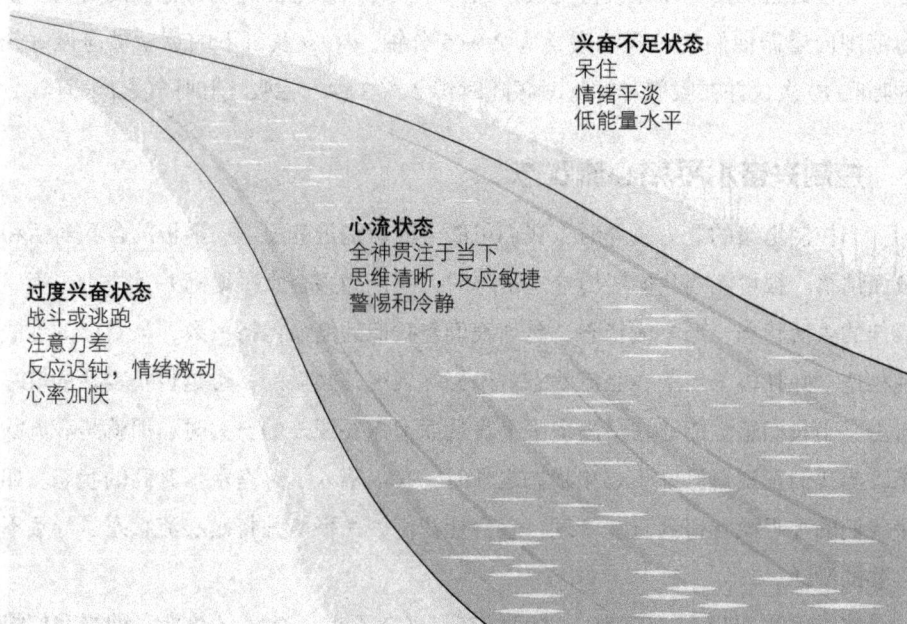

图 4.3　心流状态：介于过度兴奋和兴奋不足之间的空间

本书为你提供了扩展和深化思维河的工具。缓慢、正确的呼吸结合健康的生活方式扩展了河岸之间的空间，这就是你的心流状态所存在的地方。心流状态会由于过度或不足的兴奋状态而有所减少。训练和比赛会稍微减小这个空间，因为存在肾上腺素，但如果你在训练和比赛之外保持镇静、缓慢的鼻呼吸，它们并不会构成威胁。你可以利用呼吸有意识地将神经系统从制造紧张的环境转变为创造安全和适应性环境。当你能够扎根于当下，你就会摆脱思维的束缚。创造力、想象力和信念在思维解放的时候会得到加速发展。

过度呼吸、嘴呼吸和上胸部呼吸导致了过度或过低的兴奋状态，从而影响我们的情绪和思维。因为很难辨认出让我们脱离心流状态的诱因，所以本书将呼吸作为控制的中心进行重点介绍。通常建议运动员在感觉不在状态时，要把注意力从头脑移到身体中去。这里的身体指的是呼吸。它是身体中根植于当下且我们可以控制的唯一机制。

无法控制呼吸的节奏或者长期用嘴呼吸会导致许多认知能力的下降：记忆力、学习能力、语言和解决问题能力。一项于 2021 年进行的研究使用功能性脑成像技术来调查口呼吸对认知活动的影响（Jung and Kang，2021）。研究人员确认了工作记忆任务与呼吸之间的功能连接。当参与者通过嘴呼吸时，负责记忆处理的脑部区域活动较低；而当他们通过鼻子呼吸时，则负责记忆处理的脑部区域更活跃。这表明长期用嘴呼吸可能会影响认知功能。

若要在训练和比赛中取得成功，需要将自己推动到通过更快呼吸和通过嘴呼吸来吸入更多氧气的状态。这会刺激交感神经系统，引发高度兴奋的感觉，使你能够思考更清晰，跑得更快，感觉更强大。你不能通过停留在由副交感神经系统主导的平衡状态来提高表现。适应的关键是识别出你已经进入了兴奋状态的迹象，并且知道何时以及如何摆脱它。在心流状态的时刻，你可能不会注意到身体的迹象，这是你的头脑让你保持在表现之外，并让你的身体自由表现的方式。但当你注意到你的兴奋水平过高时，你可以采取一些应对措施。

当你意识到自己处于不想要的兴奋状态时，可以问自己以下两个问题来增强意识。

·你目前的情绪是否有助于表现或影响了表现？

·你是否正在经历与过度兴奋或兴奋不足状态相关的情感或思想？

如果你的答案表明你的情绪、感受或思想正在影响你的表现，首先要识别与这些情绪相关的思维模式或感受，以及你经历它们的频率。把这些想法或情绪以及发生的频率写下来。仅仅是承认在你的表现中存在的心理障碍，就会减少它们出现的频率。写下这些将帮助你理解你的思维方式。

在确认每个心理障碍并且把它写下来或大声说出来之后，接下来进行节奏呼吸练习。首先，承认心理障碍，然后通过鼻子缓慢吸气，再通过鼻子缓慢呼气，保持相同的节奏进行 3 次呼吸。通过意识到呼吸，你开始扩展你心灵中的空间，让不理性的思绪消散，同时意识到焦虑是过去或未来的感觉，然后将自己带回到当下。通过意识到呼吸，你能够让自己平静，并决定你的想法是在你的控制范围内还是超出你的控制。通过意识到某个事件或经历超出了你的控制，你可以放手并接受现实。通过意识到某个事件或经历在你的控制之下，你可以在你的心灵中创造空间，然后做出最理性和最佳的决定。一旦你感觉自己重新掌控了局面，不必要的焦虑和情绪应该就会消退。

了解负面偏向和情绪触发因素

你是否注意到自己更经常纠结于表现中的失误，而不是成功？批评通常比赞扬更具影响力。我们通常会记住创伤性的经历，而不是积极的经历。我们对负面刺激反应更强烈，并且更频繁地考虑负面结果而非积极结果。心理学家称之为"负面偏见"，这很可能源自我们试图避免威胁的进化过程。在人类历史的早期，关注威胁和负面事件是生死攸关的区别。更加意识到周围危险或能够关注周围的不良事物的人更有可能生存下来（Cacioppo, Cacioppo and Gollan，2014）。

在体育比赛中，无法调节情绪以应对错误判罚、家长或球迷的责骂、阵容调整、疲劳和天气等都会影响表现。当我们错误地处理信息时，我们的反应受到情绪触发因素的支配，从而对我们的选择和行为产生负面影响。在这些时刻，我们呼吸加快、心率加速以及狭窄的视野提供了警示信号，表明我们无法进行逻辑思考，不能做出最佳的选择。这就是为什么要求一个激动的人冷静下来是行不通的，以及为什么一个疲劳、高度激动的运动员在击球失败后会扔掉头盔的原因。尽管这些情绪触发因素在进化过程中为保护我们发挥了作用，但如今它们的作用并不那么明显。由于我们无法避免把负面偏向视为是威胁的情况，我们就必须意识到它们的存在，并学会了解它们如何触发我们的情绪以及它们对我们思维和行为的影响。这种认知使我们对自己有更大的控制力。

我们的进化过程和负面偏向的发展导致了 4 个主要的触发因素，即使在今天，我们的自然反应也是试图避免它们。

不确定性

未知的恐惧，使我们担心未来的事件，思考某事会在身体中引起的生理反应。当我们在预料紧张的事件时，不确定性会引发激素变化和心率增加。

在较小的范围内，运动员可能会因为对其职业未来的不确定性而感到焦虑。职业运动员没有下一份合同的保证，许多高中运动员希望获得大学奖学金。如果对未来的不确定性影响了运动员对现状的清晰认识，可能会妨碍他们实现最佳表现。美国加州大学旧金山分校精神病学和行为科学副教授马赞·海尔别克（Mazen Kheirbek）博士说："焦虑是对你面前实际不存在的威胁的情绪反应。"下次当你感觉到你的情绪对你产生负面影响时，可以考虑一下这个说法。

改变

改变也可能会引起对未知的恐惧，并引发回避行为。

对于运动员来说，改变是不可避免的。赛程安排、阵容、对手、队友和教练都会发生变化。在体育运动中发生的大多数变化都在运动员的控制范围之外。这种持续的刺激可能会导致运动员情绪失衡和焦虑。如果他们回避处理由变化引起的情绪，结果很可能是表现不佳。当面对不确定性或改变时，运动员知道如何管理自己的情绪并适应压力是至关重要的。

关注

体育竞赛使运动员置身于人们的关注之下，而随着运动员在各个层次上的进步，关注的程度也在不断增加。在最高水平，运动员面对庞大的球迷群体和媒体机构，关注度可能对表现产生负面影响。即使在初级阶段，关注也有可能让运动员感到不舒服和不知所措，因为他们害怕被拒绝、失去控制、被忽视或受到批评。当一个运动员不再关注当下，而被他们感知到的关注所困扰时，他们会经历一种高度唤醒状态。心流感觉消失了，思绪也偏离了最佳表现状态。

职业生涯初期的运动员通常会因为不习惯的关注而被触发。接受少量关注的运动员不会感受到外部期望的压力，并能够成功发挥。然而，一旦运动员取得足够的成功并获得关注，他们可能会感到焦虑，因为他们担心无法达到周围人的期望或再次取得成功。在此之前，他们能够专注于当下，并在心流状态下发挥水平。而在这种新状态下，他们的注意力集中在自己所感受到的关注上，这引发了负面情绪，干扰了他们的状态。

挣扎

体育带来的挑战也正是努力的价值所在。运动员在心理、体能和精神上都在努力奋斗，力图达到他们运动的顶峰。然而，生存本能导致他们寻找并确保舒适，这与拥抱挣扎相悖。任何看似困难的事情都会引发一定程度的恐惧，因为它被他们的原始大脑视为不安全。

我们在日常活动中也会遇到这种情况，比如早上起床、锻炼和公开演讲。这些都需要一定程度的挣扎，而每次我们决定不去做困难的事情，就是屈服于我们对舒适生物性的需求。这就是为什么我们知道自律比动力更有效的原因。当我们自律地努力克服困难，我们不仅继续适应，还会更加相信自己能够完成困难的事情。

负面倾向和情绪触发因素是通过对恐惧的感知而形成的。这些进化性的反应旨在让我们远离危险，并迫使我们寻找保护。你是否遇到过沮丧的动物，它们向你吐口水、抓挠或发出嘶嘶声？这些动物都是受到了惊吓，它们展示出防御性行为，希望你离开它们。

与动物类似，我们的本能是回到生存状态，并试图远离危险。当受到压力时，我们会瞳孔扩大、心率加快、血压升高、呼吸频率增加。这些反应会降低情商，限制更高级的认知，阻碍我们做出理性和符合逻辑的选择。更快的呼吸触发我们的大脑搜索我们试图回避的经历，并将其用于决策。我们的呼吸成为我们思想将会倾听的语言。在体育运动中有很多这样的情况。例如在棒球运动中，如果一名投手因投掷曲线球而受伤，需要手术修复撕裂的韧带，他的潜意识会阻止他执行可能引起疼痛的动作。手术后，他的潜意识在重新学习如何投掷曲线球时会继续限制他的动作。并不知道投出曲线球会发生什么事情的想法触发了生理反应、激素变化和呼吸变化。

了解这4种情绪触发因素使我们能够对自己提出有针对性的问题，以发现是什么触发了我们的情绪。在职业生涯中，我们不可避免地会面对这4种情绪触发因素。当我们认为前进的路线存在威胁，焦虑加剧时，负面倾向就会发挥作用，情绪失衡就会在运动表现中发生。我们越是无法调节兴奋、压力和情绪的激活水平，就越不可能对负面刺激做出积极的反应。运动表现中经历的兴奋和压力是通过缓慢和有控制的呼吸来管理的。有意识呼吸充分氧化组织，改变负面思维，创造有益的认知状态和更高水平的意识和感知。这使我们能够在当下评估反馈并做出合理的选择。

通过情商管理压力

作为现代运动员，我们关注的是生存，尽管我们的生存不再依赖于我们捕猎和采集食物以及避开捕食者的能力，但我们面临着我们的祖先不曾经历的情绪压力。2021 年的一项研究发现，美国有四成的成年人报告称自己经历了焦虑或抑郁症状，这个数字较一年前增加了一成（Panchal et al., 2021）。运动员也不例外，因此发展情商对于实现最佳表现是必要的。这需要我们优先考虑在哪里花费情绪能量，而这可以受到正确呼吸和自我意识的影响。

我们的目标是以最大化的能量进入运动表现，以应对作为运动员所面临的压力。在激活交感神经系统的活动之后，我们必须专注于达到副交感神经状态并开始恢复过程。比赛之外的压力会对表现产生累积的负面影响。这意味着在一天中，我们必须监控我们的能量和情绪状态，并根据需要调整我们的呼吸。一旦训练或比赛结束，我们应该进行 10 ～ 15 分钟的调节呼吸练习，将身体的心理和生理过程转向恢复。恢复练习和呼吸方案列在本书第 8 章中。

要求运动员关注他们每天所做的 2 万次呼吸是不现实的。实现最佳呼吸的更好方法是尽量减少训练和比赛之外的压力。这包括在一天的适应期间通过鼻子缓慢呼吸。选择何时给大脑和身体引入压力，何时避免压力也同样重要。这些行为和思维过程将培养平衡、控制和高情商。

直到神经科学家和神经生理学家开始发现大脑对呼吸模式做出反应，人们才知道呼吸是如何影响神经系统的。进一步的研究表明，我们的呼吸不仅能维持生命，还能影响整体幸福感。缓慢、有节制地呼吸影响大脑以实现最佳表现和心流状态。整天保持缓慢的鼻呼吸有助于长寿和提升情绪。持续的鼻呼吸还有助于大脑健康和边缘系统与新皮层之间的认知处理，从而提高情商。

当你因过度疲劳或高压力情况而开始用口呼吸时，你的逻辑思维和决策能力会受损。你可能还会感觉精细运动技能和耐力下降。你可以通过专注有意识呼吸和有意识地改变呼吸节奏来管理边缘系统的活动。

呼吸影响认知过程，而控制呼吸可以促进积极的自我对话和积极情绪，有助于控制情绪。呼吸控制已被证明通过治疗性工作可以改善认知障碍，也可以在比赛中改善认知过程。通过在训练和比赛之外努力改善你的呼吸，并学会认识到压力源，你的身体将能更好地识别并管理对这些压力的反应。这将提高你在高压力情况下的决策能力和表现，并增加在性能受损之前所能承受的压力量。冷静、有节奏的呼吸周期对管理比赛、活动或竞争中固有的压力是必要的，并会保持对当下的控制。专注于呼吸有助于改善你对刺激的认知反应，并支持适当的情绪面对比赛压力。控制呼吸就是控制你的情绪。

第 **2** 部分

呼吸
练习

第 5 章
呼吸热身及其评测

如今，我们可以利用各种生物反馈设备来评估生理因素，如心率、肌肉张力和呼吸模式，以帮助我们了解身体的功能与反应；然而，重要的是要认识到这些技术可能会对我们进行自我调适的能力带来的影响。正如大浪冲浪运动员莱尔德·汉密尔顿（Laird Hamilton）在呼吸训练中说的："被外界连接得更多，我们与自己的连接就变得更弱"（2019）。这是令人困惑的时代。我们拥有比以往任何时候都多的资源，然而各个领域的运动员却变得更弱，更容易受伤，并经历着焦虑和倦怠。

比起内在的反馈，来自手表、监测器和跟踪设备的反馈往往会主导我们的训练决策。我们认为，因为有了这项技术，我们应该使用它来做出选择，而不是依赖于自己的感觉。这使得我们难以获得有关我们的身体的知识，可能会使我们对自己失去信心，并且难以自我指导。如果没有将这些工具与我们对自己身体的了解结合使用，那么这项技术可能会使我们更难认识自己，而付出的代价则是运动能力停滞不前。

本章提供了呼吸训练前使用的热身方案，以及各种测试和测量方法，以帮助你了解自己的呼吸。尽管呼吸测量可能具有主观性，但这些测试为你提供了一些客观的指标，可以让你关注和改善呼吸。适应和改进可能需要数周甚至数月的时间。因此，重要的是要确立呼吸背后的"原因"，并了解长期效益的价值，而不是即时的理由。最后，请记住，呼吸是一种你必须学会的内在语言，这是一个终身过程。追求更好的呼吸永无止境。无论你从哪里开始，让它变得简单，专注于积极的呼吸机制，并在测试和屏住呼吸时保持对呼吸的感知。

呼吸练习原则

以下原则可以指导你的呼吸练习，不需要遵循特定顺序。

- 给予足够的时间。因为呼吸控制中的调整是微小的，请设定意向，让每次呼吸练习都能提高你的呼吸感知，并留出足够的时间来完成这一点。
- 保持脊柱中立。中立不等于笔直。从侧面看，脊柱呈现自然的 S 形曲线：颈椎（颈部）稍微向内弯曲，胸椎（背中部）向外弯曲，腰椎（下背部）向内弯曲。保持脊柱中立意味着你可以通过颈部和背部保持这些曲线的形态。
- 呼吸时避免使用上胸部和颈部的肌肉。如果将呼吸引入上胸部和颈部，则很可能导致过度呼吸；更重要的是，你没有使用膈肌进行呼吸。
- 关注胸廓底部的横向运动，促进横向呼吸。这样可以避免上胸部和颈部参与呼吸。它还会促进人体用膈肌呼吸，这将有助于使胸廓呈360 度扩张，并按摩膈下的器官。
- 在用鼻呼吸时，保持下颌放松。将舌头放在口腔顶部和上排牙齿后面。这将保持气道通畅，使通过鼻子呼吸变得更容易。

呼吸训练热身方案

在进行呼吸练习之前，先进行脸部和颈部的热身，包括鼻子周围、额头、眼睛、下颌、淋巴结、声带和关键颈部肌肉区域。你可以使用这些热身方案来激活神经系统，并为本书中介绍的任何呼吸练习做好准备。

鼻部热身

鼻腔是吸入空气和排出空气的主要器官。要开始有效进行鼻呼吸训练，可以先给鼻部做一些热身。当鼻部没有得到适当使用时，往往会出现鼻塞或功能不佳的情况。这在早晨醒来后、长时间待在室内，或当天的花粉含量过高，或由于温度、湿度产生变化时最常发生。当你的鼻部功能较差时，可以坐下来开始唤醒它。这个过程可以在早晨、训练前或比赛前进行。

鼻腔热身

将双手搓热，直到感到掌心发热（见图 a ～ b）。轻轻地在鼻子两侧擦拭。从鼻子的前部开始，擦拭鼻子两侧，然后在眉毛之间擦拭（见图 c ～ d）。在擦拭鼻子的同时，通过鼻子呼吸，并延长呼气时间，使其为吸气时间的 2 倍。集

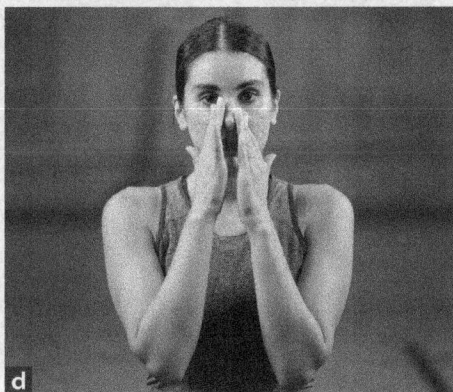

中注意力保持将舌头放在口腔顶部，靠近上排牙齿的后面，并放松下颌。进行15 ～ 30 秒来做鼻腔热身。你会注意到鼻腔通畅、呼吸顺畅了。

鼻腔牵拉

将中指和食指放在鼻子的两侧和底部（见图 a）。当吸气时，用手指的压力提起鼻孔并拉动脸颊（见图 b）。这种"手动鼻腔扩张器"应该能够让你做更深的呼吸。你可以将鼻孔牵拉 30 秒，或计算呼吸次数。不过，最好的方法是将鼻孔抬起并进行 5 次深呼吸。这样可以让你对每次呼吸都保持专注，并专注于加深呼吸，延长呼吸节奏。随着鼻孔抬起，你会立刻感到通过鼻子呼吸更加通畅了。

脸部热身

脸部热身有助于释放脸部的紧张感，同时刺激神经系统和加快血液流动。当你进行以下练习时，随着脸部肌肉的放松，你的呼吸会变得更加平稳和轻松。

额部按摩

将双手的 4 个手指放在额头中间位置（见图 a）。想象在你的额头上有 4 条线，用手指按在这些线上，并沿着额头滑动手指（见图 b），重复 5 次。

额部揉搓

将手掌在额头上来回搓动，直到感到额头发热（见图 a ～ b）。

眼部按摩

使用食指和中指轻轻按摩眼部区域，不要使用指甲。首先，在眼睛下方按摩，将皮肤朝耳朵方向轻轻拉动 5 次（见图 a）。接下来，在眼睛周围画出完整的圆圈，从眉毛中间开始，沿着眼睛的外缘移动，重复 5 次（见图 b～e）。

下颌按摩

用右手拇指对右侧下巴进行按摩。从耳朵附近开始，然后沿着下颌线向下按摩，将拇指来回移动，持续 30 ～ 90 秒（见图 a），然后用左手拇指重复按摩左侧下巴。通过鼻子保持平稳而有节奏的呼吸。接下来，将拇指放在下巴下面，向上推，同时将下巴拉出。保持此姿势 10 秒，同时用鼻子呼吸（见图 b）。

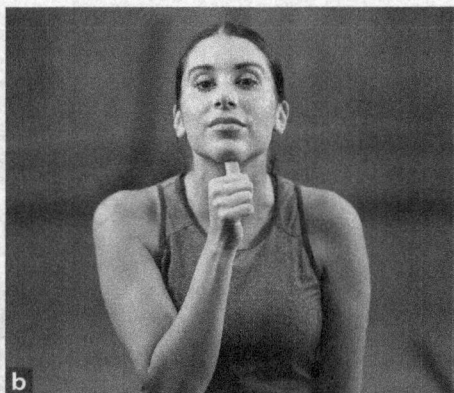

颈部热身

在对脸部和鼻部进行热身后，现在是时候热身颈部了。在日常生活中，圆肩、长时间坐姿和头前伸的姿势会给颈部带来很大的压力。在训练和比赛中，当次要呼吸肌过度参与时，颈部可能会过度劳累。按摩和热身颈部肌肉可以改善脊柱的姿势。

淋巴结按摩

使用食指和中指，在耳朵后面的颌骨开始的地方进行打圈按摩（见下图）。在顺时针和逆时针方向各按摩 5 次。通过鼻子保持平稳而有节奏的呼吸。

胸锁乳突肌按摩

胸锁乳突肌是一块大肌肉，从脑后开始，经颈部两侧延伸至锁骨。为了热身胸锁乳突肌，可以将食指、中指和无名指放在颈部右侧的顶部，以中指为主要接触点施加压力，上下按摩颈部右侧 10 次（见图 a），然后左右擦拭颈部 10 次（见图 b）。接下来，使用左手在左侧重复相同的动作。通过鼻子保持平稳而有节奏的呼吸。

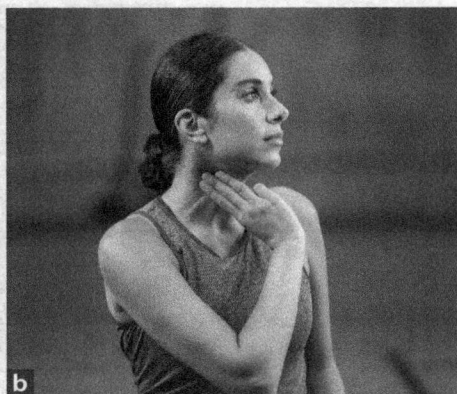

斜角肌按摩

斜角肌是位于颈部两侧的 3 对肌肉，作为辅助呼吸肌，在我们用力吸气时它们会协助抬起前两根肋骨。斜角肌比胸锁乳突肌的位置更深，它们附着在颈椎的两侧及前两根肋骨上。为了热身斜角肌，可以用右手按摩颈部左侧，用左手按摩颈部右侧。从锁骨开始，用食指、中指和无名指按摩锁骨周围（见下图），左右来回按摩 5 ～ 8 秒，然后上下来回按摩 5 ～ 8 秒。整个过程中用鼻子呼吸。

喉部按摩

为了热身喉部区域，可以将食指、中指和拇指放在声带的顶部（见下图），轻轻将其左右按摩 3 ～ 5 次，然后在声带中间和底部重复相同的动作。通过鼻子有节奏、缓慢地呼吸，发出轻微的声音。

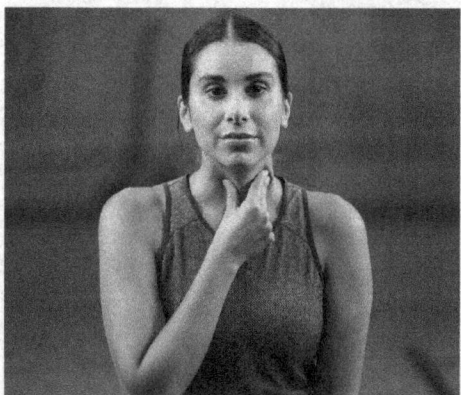

颈部转动

将肩膀往下拉，远离耳朵，用鼻子在空中缓慢地画一个想象的圆圈。在保持用鼻子呼吸的同时尽可能地画大圆圈（见图 a ～ d）。在顺时针方向画 3 个完整的圆圈，然后在逆时针方向也画 3 个完整的圆圈。

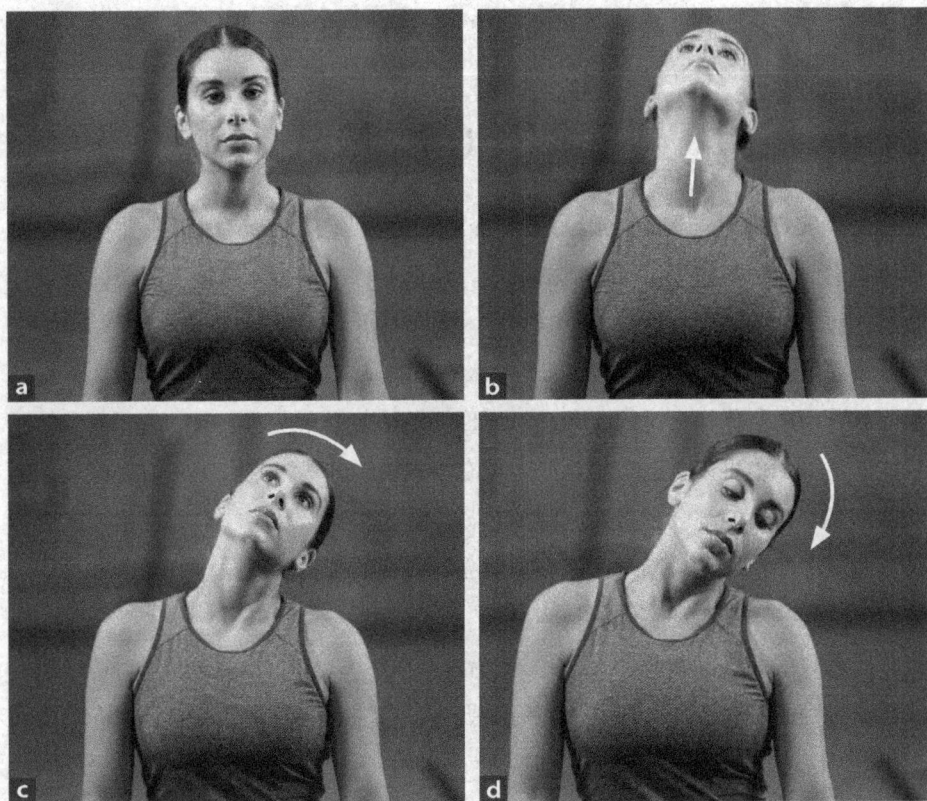

横向呼吸测试

　　正确的呼吸机制对于能够轻松进行日常活动至关重要。实现这一点的第一步是学会横向呼吸，这种呼吸方式能够扩展胸廓，调动呼吸肌，并在运动时支撑脊柱。除了保护脊柱，横向呼吸还能让你最大化地利用呼吸获得能量。

胸廓 360 度测试

　　为了实现氧气与二氧化碳的最佳交换，你必须正确地使用膈肌并在呼吸时扩展胸廓。这为身体提供了所需的氧气，从而使你在精神和身体上都能保持最佳状态。

　　为了学习正确使用膈肌和扩展胸廓的方法，可以让教练或训练师从正面、侧面和背面录制你呼吸时的视频，以便你能够从各个角度观察自己的呼吸。如果可能的话，你也可以自己录制。如果没有摄像机，你可以站在镜子前面，从正面和侧面观察自己的呼吸。男性应脱掉衬衫，女性应穿运动胸衣，以便尽可能看到身体和胸廓的情况。录制时你应保持直立与放松的姿势，双臂自然垂放在身体两侧。目的是在呼吸时观察你的身体。

　　所有观察都从用鼻子呼吸开始，然后再观察用嘴巴呼吸。通过鼻子呼吸 3 次，然后通过嘴巴呼吸 3 次。观察每次的呼吸时，应注意胸廓和身体中心周围结构的变化。你应该感觉到，用鼻子吸气时，首次运动发生在下腹部，而用嘴巴吸气时，首次运动发生在上胸部。如果你或你的教练看不到身体的运动，请尝试更用力地呼吸，这将更多地使用肌肉。这个练习有助于识别口、鼻呼吸之间的差异。

　　正确的呼吸机制将会训练出足够强大的膈肌，使其在训练和比赛中进行重度呼吸和用嘴巴呼吸时，能够进行横向运动。无论采用何种呼吸机制，上胸部或身体的移动都不应高于乳头部位，颈部和肩膀不应参与呼吸，目标是在身体中心看到横向运动和幅度最小的上半身运动。你可能会注意到鼻呼吸和口呼吸之间的区别，这是正常的。如果你刚开始接触呼吸训练，可能会通过鼻子或嘴巴做肩式的浅表性呼吸。本书中的练习将教你如何进行横向的胸廓呼吸，而不是向肩膀进行纵向呼吸。接下来，将注意力集中在深而缓慢的吸气和柔和的被动呼气上，然后观察身体正前、侧面和背面的运动。

正面

按照以下节奏进行呼吸：吸气持续 3 秒，停顿 1 秒，然后呼气持续 3 秒。通过鼻子进行 3 次呼吸。在呼吸时，你能看到胸廓向侧面扩张，乳头以上运动幅度最小（见下图）。再通过嘴巴重复进行 3 次呼吸。

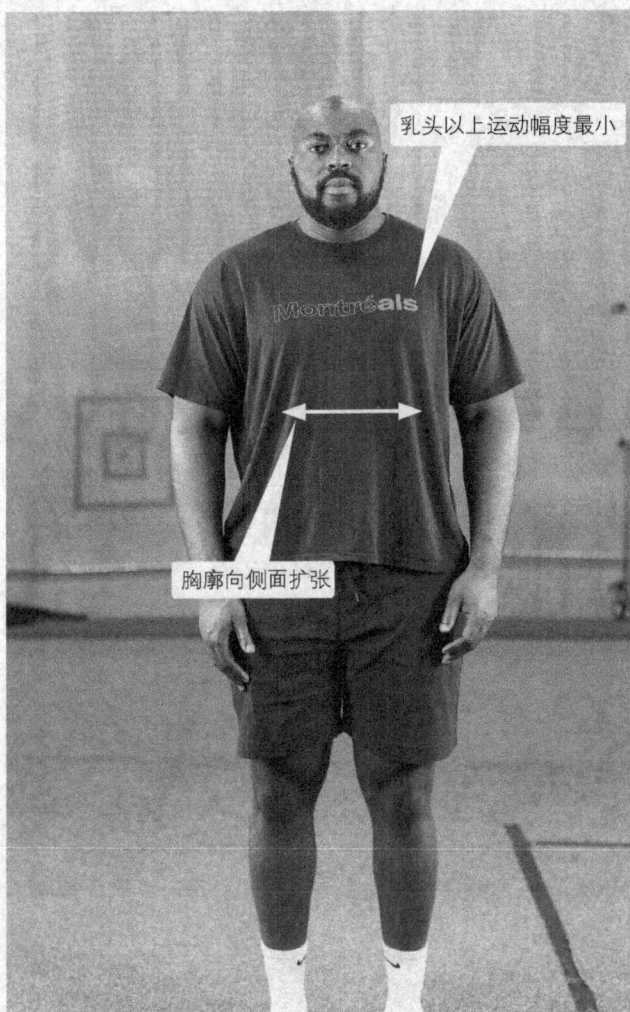

乳头以上运动幅度最小

胸廓向侧面扩张

侧面

按照以下节奏进行呼吸：吸气持续 3 秒，停顿 1 秒，然后呼气持续 3 秒。通过鼻子进行 3 次呼吸。在呼吸时，你能看到胸廓向前后方运动（见下图）。肋间肌应该使肋骨向外横向推出，同时你能看到手臂向前后方运动。再通过嘴巴重复进行 3 次呼吸。

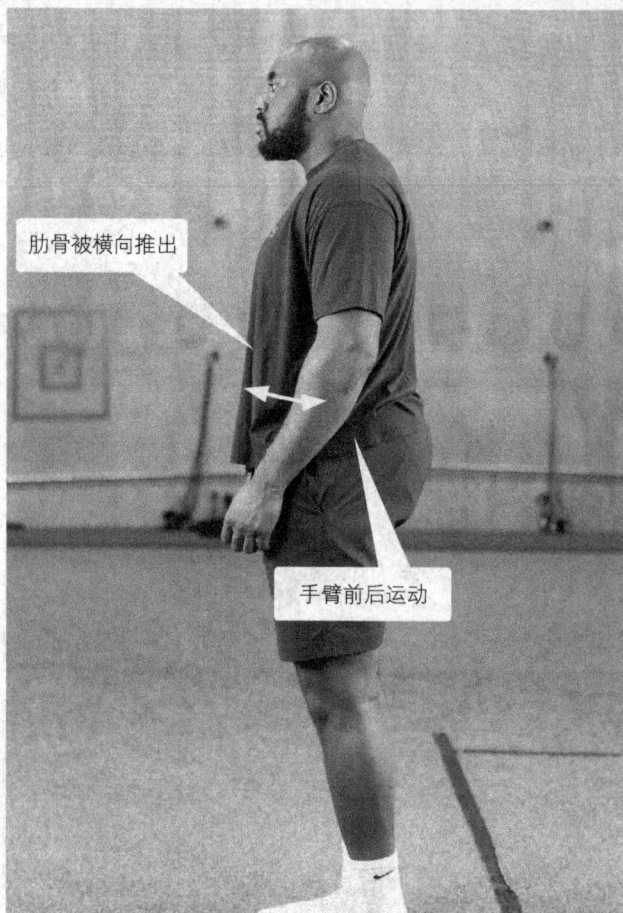

肋骨被横向推出

手臂前后运动

背面

按照以下节奏进行呼吸：吸气持续 3 秒，停顿 1 秒，然后呼气持续 3 秒。通过鼻子进行 3 次呼吸。在呼吸时，初始的运动应该在背部中间，可以感受胸廓的扩张（见下图）。呼吸到背部可能会有些困难，因为下面的肋骨很难向外推出，即使使用膈肌也是如此。然后通过嘴巴重复进行 3 次呼吸。

请注意，呼吸机制可能需要较长时间的训练才能掌握。如果你在背部的肋骨区域看不到运动，可以练习第 7 章中的背部呼吸方法。

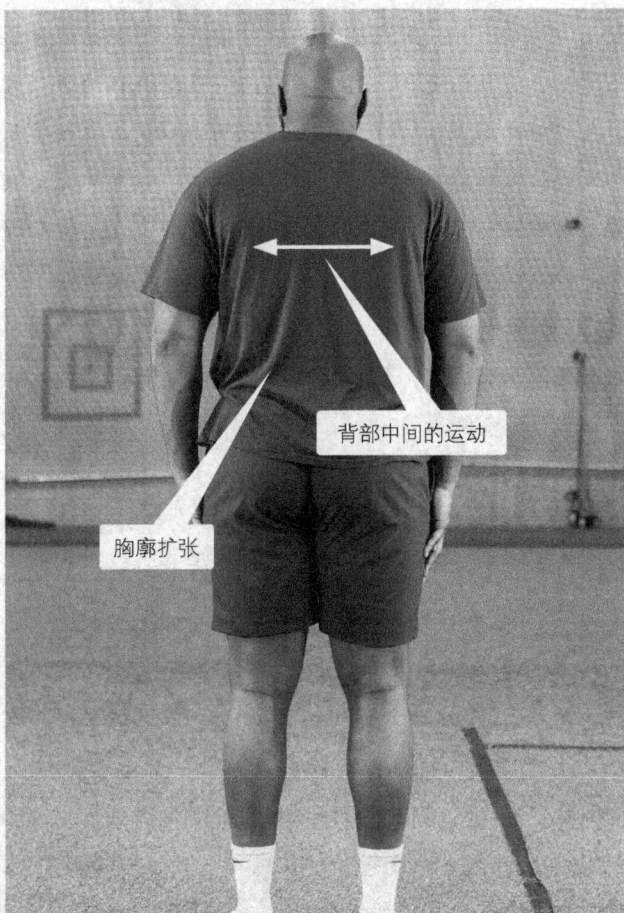

背部中间的运动

胸廓扩张

使用 BIQ 测试评估呼吸效率

贝利萨·弗兰尼奇博士（Dr. Belisa Vranich）是一位临床心理学家，也是《战士呼吸法》（Breathing for Warriors）一书的作者，她开发了呼吸智商（BIQ）测试方法，用于评估运动员的呼吸效率。它能够显示运动员是否在使用主要的呼吸肌呼吸，以及他们是否正确使用了这些肌肉。BIQ分数可以帮助运动员观察膈肌的运动位置（LOM）和运动范围（ROM）。

测试的第一部分先确定运动位置，即被测试对象的呼吸方式：纵向、横向或混合（两者兼有）。被测试者进行正常呼吸，同时教练或训练师观察他们，或在镜子前自己观察。通过看他们呼吸时身体的运动方式，很容易确定一个人的呼吸风格。弗兰尼奇博士发现，在10位成年人中有9位将呼吸动作垂直引入颈部和肩膀。胸廓横向运动应该表现为被测试者能够在胸廓底部360度的范围内呼吸，而混合式呼吸则是在垂直和横向呼吸之间表现出混合的特征。

一旦确定了运动位置，该测试会评估膈肌的运动范围。为了评估这个范围，需要先找到胸廓底部，并在胸廓底部绕身体测量一圈。在完全吸气和完全呼气后分别测量胸廓的周长。使用以下公式计算膈肌的运动范围。

吸气测量值－（呼气测量值÷呼气测量值）×10＝_____%

理想的结果是在膈肌运动范围测试中，横向呼吸者的分数达到80%或更高。在她的著作中，弗兰尼奇博士引用了有关对呼吸的研究结果，结果表明，人到了29岁时，胸廓的灵活性和肺容积达到峰值。这意味着在30岁之后，除非呼吸元素是训练计划的一部分，否则进入和离开体内的氧气量将会减少（Sharma and Goodwin，2006）。

根据弗兰尼奇博士的说法："拥有强大的肺的最佳方法是加强让它们充满空气和排空空气的膈肌、肋间肌和核心／腹部肌肉，这些肌肉组成了约10磅（约4.5千克）的吸气和呼气肌肉。要认识到，肺部本身无法为自己提供动力；你需要进行呼吸练习来保持它们的健康。"《战士呼吸法》一书中详细讨论了BIQ测试，并提供了一项3分钟的评估。

肺容积和肺容量测试

　　本节介绍的肺容积和肺容量测试将帮助你确定肺部健康和日常呼吸的质量。这些信息可以帮助你学习如何应对身体中的压力。这些测量值以毫升（mL）为单位。对于每种类型的容积或容量都列出了数值范围。较高的数值表示男性的平均水平，较低的数值表示女性的平均水平。请见图 5.1，了解平均肺容积和肺容量的测量值。

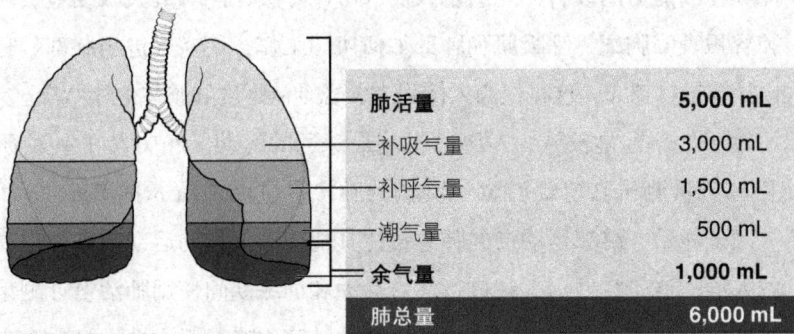

肺活量	**5,000 mL**
补吸气量	3,000 mL
补呼气量	1,500 mL
潮气量	500 mL
余气量	**1,000 mL**
肺总量	6,000 mL

图 5.1　肺容积和肺容量的测量值

肺容积测试

以下是 4 个重要的肺容积测量值：潮气量、补吸气量、补呼气量和余气量。这些测试内容反映了肺部功能和健康状况，并可用于确定肺部是否提供了最佳的气体交换。

肺容积是用肺活量计进行测量的。肺活量计是一种设备，患者术后和肺部疾病如慢性阻塞性肺疾病（COPD）和哮喘患者及运动员常用。它是最常见的用于测量肺功能和呼吸能力的设备，有助于人们练习深呼吸，同时最大限度地实现气体交换。肺容积表明胸廓、呼吸肌和肺部如何协同工作，使空气进出肺部。呼吸肌越强大，肺容量就越大，这将提高人体耐力、思维清晰度和整体健康状况。

以游泳为例，这是被认为对肺部影响最深远的运动。2016 年的一项研究跟踪了使用肺活量测试来追踪游泳运动员的肺容量进展（Lazovic-Popovic et al., 2016）。测试显示，游泳运动员的肺容量比其他运动项目的运动员高，也高于久坐不动的人群。该研究展示了在进行体育活动和训练期间使用肺活量计测量和跟踪肺部进展的方法。通常情况下，成年男性的肺容积略大于女性，身材高大的人的肺容积比身材矮小的人大。文中提供的数值是平均值，应仅作为参考。你的年龄、体型和生活习惯也会对肺容积产生影响。

在使用肺活量计时，你会对着管子进行一系列呼吸。肺活量计上的刻度会显示你吸入和呼出了多少气量。该设备还应显示你能够快速地将空气充满和排空肺部的能力。一些便携式肺活量计设备可以独立运行，而其他设备则需要与智能手机应用程序配对。无论哪种设备都可以提供可靠的呼吸系统评估。

从肺活量测试中获得的结果表明了你的肺功能。正如你所了解的，肺部由众多的呼吸肌控制，就像加强用于运动和举重所使用的肌肉很重要一样，加强呼吸肌也很重要。

以下是使用肺活量计设备的原因。

· 跟踪进展和成长。

· 监测整体健康和肺容量。

· 跟踪耐力水平。

· 增强呼吸系统。

潮气量（TV）测试

潮气量是你在正常呼吸和休息时从肺部吸入和呼出的空气量。要测量潮气量，请将嘴对准连接到肺活量计上的吸管口，并进行正常呼吸。正常人每次吸气带入肺部的平均潮气量为 300 ～ 500 毫升。大多数运动员应该接近这个数字。测量结果应始终在平均范围内，并在休息时显示一致性。

当你在训练或比赛时，潮气量和呼吸深度会增加。呼吸频率增加，这会使更多的氧气进入体内并排出更多的二氧化碳。不足的潮气量会限制身体对氧气的消耗以及在运动中的身体补偿。这是由过度呼吸或不良的呼吸机制引起的。呼吸练习、强壮的膈肌和良好的体能有助于延长正常潮气量的维持时间（Hallett, Fadi, and Ashurst，2022）。

补吸气量（IRV）测试

补吸气量是你在潮气量之上可以吸入的总空气量。换句话说，在正常潮气量的情况下，你会进行全力吸气并达到最大吸气量。年轻人的容量普遍为 1,900 ～ 3,000 毫升。如果你无法达到最大的吸气量，可能表明气道存在阻塞或限制。在休息状态下，如果你能够达到最大容量，那么在潮气量增加时应能够达到储备量。

补呼气量（ERV）测试

补呼气量是你在进行强力呼气后可以呼出的总空气量。这与补吸气量测量类似，但你会尽量呼出尽可能多的空气。这种强制呼气是在正常呼吸之后进行的。年轻人的典型容量为 700 ～ 1,100 毫升。这个容量很重要，因为当你用尽空气时，你可以在潮气量增加时动用这些储备量。气道的阻塞或限制会影响你达到这些容量的能力。

余气量（RV）测试

余气量是你在呼气后肺部剩余的空气量。这些空气有助于保持肺部不塌陷。它也很重要，因为即使在呼气后也能保持气体的持续交换，防止呼吸气体发生大幅波动。余气量是在最大呼气后测量的。年轻人的容量普遍约为 1,000 毫升。

肺容量测试

　　肺部的容量和健康直接影响着运动员的心肺功能健康，当你拥有健康且强壮的心肺系统时，你能够更有效地进行运动。肺容量越大，你就越能将氧气输送到血液中并输送到工作的肌肉中，以供能量产生所需。本节中的测试可以帮助你了解肺部的容量和功能。以下是 4 种肺容量测试：肺总量（TLC）、肺活量（VC）、深吸气量（IC）和功能余气量（FRC）。

　　慢性阻塞性肺疾病、哮喘、支气管炎、肥胖和肺气肿等疾病是导致肺容量不足的主要原因。然而，薄弱的呼吸肌、不良的姿势和过度呼吸也会影响肺容量和耐力。

肺总量

　　肺总量是 4 种肺容积：潮气量、补吸气量、补呼气量和余气量测量值的总和。TLC 很重要，因为它是一种健康状况的指标。一项为期 29 年的研究显示，一个人的肺容量直接影响其预期寿命（Schünemann et al., 2000）。TLC 的平均范围为 4,200 ～ 6,000 毫升。TLC 是 4 种肺容积测量值的总和：

$$TLC = TV + IRV + ERV + RV$$

肺活量

　　肺活量是你在进行最大程度深吸气后可以呼出的总空气量。这是进行最大限度的吸气，然后进行最大限度的呼气。许多因素会影响你的肺活量。

- 身高和体重——体型会影响我们能够吸入和呼出多少空气。
- 性别——男性的肺比女性的更大，所以男性的肺活量更高。一些研究显示，肺的大小存在 10% ～ 12% 的差异，而另一些研究显示肺的大小存在 25% 的差异。男性的肺部大约能够容纳 6 升空气，而普通女性的肺平均可容纳 4.2 ～ 4.5 升空气（Bellemare, Jeanneret and Couture, 2003）。
- 胸廓大小——有些人天生胸廓较宽，较宽的胸廓使他们能够吸入更多空气。
- 姿势——不良的姿势通过限制膈肌的运动范围并破坏健康的呼吸模式，从而对肺活量产生负面影响。

- 年龄——25 岁以下的运动员的肺活量最高。
- 健康水平——健康水平越高，肺活量就越高。

运动员通常具有较高的肺活量，这是因为他们参与大量的体育活动，而体育活动会增加一个人的呼吸深度。较高的肺活量表明运动员拥有更强壮、更大的肺部，能够迅速扩张并吸入更多空气，提高对氧气的摄取。好消息是，通过增强肺部的练习，如缩唇呼吸、深腹式呼吸以及间歇和抗阻训练，可以训练和改善肺活量。这可以更充分地为大脑、心脏和肌肉提供氧气，使运动员在不喘息的情况下能够更长时间地进行运动。

平均肺活量为 3,500 ～ 5,000 毫升，通常是潮气量的 3 倍。肺活量是潮气量、补吸气量和补呼气量的总和：

$$VC = TV + IRV + ERV$$

你还可以使用气球来测量肺活量（如果对乳胶过敏，请使用无乳胶的气球）。首先，拉伸气球以使其更容易充气。接下来，坐在椅子上或地板上，保持良好的姿势，进行最大限度的吸气，然后进行最大限度的呼气，将空气吹入气球。尽量在一次呼吸中尽可能多地将空气吹入气球。气球中的空气量即是你的肺活量。在捏住气球颈部防止气体泄漏的同时，使用标记笔在气球颈部膨胀的地方画一条线，测量并记录气球的周长。目标是随着时间的推移，逐渐增加相同气球中的空气量。

深吸气量

深吸气量是指在进行正常、安静的呼气之后，你可以吸入的最大空气量。薄弱的吸气肌会限制吸气时肺部的扩张。疲劳会导致过度呼吸或使用辅助肌肉吸气。较高的深吸气量使你能够更长时间地承受压力和疲劳。平均深吸气量为 2,100 ～ 3,000 毫升。深吸气量是补吸气量和潮气量的总和：

$$IC = IRV + TV$$

功能余气量

功能余气量不应与余气量混淆。功能余气量是在正常和被动呼吸后肺部剩余的气体量。功能余气量等于余气量加上补呼气量。没有功能余气量，氧气和二氧化碳之间的气体交换将变化不定并扰乱肺部的气体扩散。平均功能余气量为

1,800～2,500毫升。功能余气量是余气量和补呼气量的总和：

$$FRC = RV + ERV$$

生理应激测试

本节的测试将帮助你更深入地了解如何应对应激。应对应激不当可能导致认知疲劳、脑部混乱、情绪波动、焦虑和能量不足。这些症状影响了运动员对刺激的反应，进而扰乱了训练和比赛中的表现状态。

标志着运动员生理状态的指标包括静息心率（RHR）、呼吸频率、心率变异性（HRV）及最大摄氧量（$\dot{V}O_2max$）。其中一些指标可以手动测量，而其他一些指标则需要使用技术设备。静息心率和心率变异性测试并非呼吸测试；然而，它们对评估运动员的心肺系统如何应对压力非常有用。例如，高于正常水平的静息心率可能表明运动员尚未完全从训练或比赛中恢复过来。HRV评分虽然考虑了心率因素，但实际上评估了自主神经系统帮助身体从压力中恢复的效果。尽管这两种心率测量很重要，但本节主要关注呼气持续时间和屏气评分的追踪。

静息心率

静息心率是你在休息时心脏每分钟跳动的次数。你的静息心率是表现人体恢复状态的可靠指标。可以用心率监测设备测量静息心率，也可以通过鼻子平静呼吸几秒，然后轻轻用两根手指按压颈部，在颈总动脉处感受脉搏。计算15秒内的跳动次数并乘以4，结果就是你的静息心率。

每天早上醒来后的一小时内测量你的静息心率，并记录下来。在每天早上测量时保持相同的条件，例如，总是在起床之前测量，连续观察一个月的数据。你可能会发现，在剧烈比赛或训练后，你的静息心率会比没有过度紧张的日子更快。影响静息心率的其他因素包括睡眠质量、饮食及旅行时区和气候变化。情绪和心理压力也会影响静息心率。

在连续跟踪静息心率两周或更长时间后，其中包括了一定数量的高强度和低强度的训练日，找到你的平均静息心率（每日心率之和除以天数）。利用你的静息心率了解自己应对训练和比赛的情况。略低于平均水平的静息心率意味着你恢复得很好，准备好了承受额外的压力。如果静息心率快，尤其是异常快，你需要关注恢复，而不是训练。

呼吸频率

静息状态下的呼吸频率是一种重要的体征，通常受情绪紧张、认知负荷、炎热、寒冷、身体应激和疲劳等因素影响。它在衡量你如何应对应激方面起着关键作用。理想情况下，呼吸频率应该低且稳定。普通成年人的正常静息呼吸频率为每分钟 12 ～ 20 次。呼吸频率超过每分钟 24 次可能会导致严重的健康问题，如果呼吸频率增加是由于恐慌等心理因素引起的，健康问题可能会较轻。

呼吸频率需要在休息状态下测量，并计算每分钟的呼吸次数。使用秒表或时钟来计时，正常呼吸，并将一次完整的吸气和呼气计为一次呼吸。通过鼻子呼吸，专注于保持自然的呼吸节奏。目前，有几种可穿戴设备可以测量呼吸频率。

心率变异性

心率变异性是指两次心跳之间间隔时间的变化。在理想的恢复情况下，这个间隔会有轻微波动。许多教练和训练师使用 HRV 分数来判断运动员的恢复情况。较高的 HRV 分数值表示没有压力或疲劳。当你放松和恢复时，你的 HRV 分数值会更高。这意味着你的心跳之间具有更大的变化。当身体和精神从压力或剧烈运动中恢复时，HRV 分数值较低，这意味着心跳之间的变化较小。在准备不足时坚持运动可能会导致受伤和疾病。在没有设备的情况下就无法测量 HRV。测量 HRV 最准确的方法是心电图（EKG），不过，目前有许多可靠的可穿戴设备可供选择。

最大摄氧量 $\dot{V}O_2max$

$\dot{V}O_2max$ 是衡量机体在运动时能够使用氧气（O_2）的最大量。$\dot{V}O_2max$ 越高，身体做运动的能力就越大。$\dot{V}O_2max$ 有以下 3 个主要组成部分。

· 肺容量和心脏容量——肺吸入的氧气越多，心脏就能运送更多含氧血液。这将产生最大的 $\dot{V}O_2$ 得分。

· 毛细血管输送——更多含氧血液进入循环系统，将更多的氧气输送到肌肉中。这将影响 $\dot{V}O_2max$。

· 肌肉效率——肌肉从血液中提取和使用氧气的能力越好，$\dot{V}O_2max$ 就越高。

了解你的 $\dot{V}O_2max$ 可以建立一个训练基准，从而追踪改善情况并确定训练的有效性。如果你的 $\dot{V}O_2max$ 较低，可能会在中等强度有氧运动中感到吃力，应检查你的呼吸机制和训练系统。较高的 $\dot{V}O_2max$ 将使你具有更好的耐力，因此能够在有氧活动中保持更快的速度。许多教练和训练师认为这个测试是衡量有氧耐力和心血管健康的最佳方式。大量研究表明，较高的有氧运动水平与提高生活质量、延长寿命、整体上获得更好的情绪和自尊心，以及改善睡眠模式相关。

测试 $\dot{V}O_2max$ 最准确的方法是在运动医学机构或医疗机构的实验室中进行。运动员戴上氧气面罩，在跑台上以一定的速度行走一段时间。$\dot{V}O_2max$ 也可以在可穿戴追踪设备上进行测量，还可以将在线或手动计算器与有氧测试配对：1 英里（约 1.6 千米）步行、3 分钟台阶测试、1.5 英里（约 2.4 千米）跑步或 2,000米划船。计算 $\dot{V}O_2max$ 所需的数据包括年龄、性别、体重、完成测试所需的时间，以及测试过程中的脉率。测试的指导可以在网上找到。

你可以通过呼吸锻炼来提高 $\dot{V}O_2max$，以改善心肺功能，而无须进行传统的有氧运动。首先建立横向呼吸，然后进行屏气练习，以及在进行中等强度的运动时只通过鼻子呼吸（每周 3 ～ 5 次）。

呼气测试

呼气测试可以测量呼气的持续时间。呼气时间越长，机体对二氧化碳的耐受性就越强，二氧化碳是机体的应激信使。呼气时间较长的运动员康复情况更好，并处于更佳的准备状态。你可以在经历精神和身体压力时随时进行这项测试，以帮助确定自己的准备状态。

要完成测试，先坐下来，使用秒表，通过鼻子缓慢呼吸至少一分钟，使身体进入平静状态。一旦你感觉自己平静下来，呼吸稳定，就开始测试，进行 3 次专注的呼吸，吸气和呼气时间比正常呼吸时间长。这 3 次呼吸不是为了实现最大限度的吸气和呼气，而是比正常呼吸的力度大。在第 3 次呼气后，进行最大限度的吸气。在吸气的最高点，稍作停顿，停顿后，在呼气开始时启动秒表，并测量连续平稳呼气的全部时间，通过鼻子尽量缓慢呼气。这种感觉应该就像空气慢慢从鼻子中漏出，不要急于或用力将空气呼出。当你释放所有的空气时停止计时。

你应该能够呼气至少 20 秒，少于 20 秒表示你对二氧化碳的耐受性较弱，可能导致过度呼吸和焦虑。呼气时间少于 20 秒也可能表明你生病或受伤。较短的呼气时间得分表明机械呼吸能力较差，对二氧化碳的耐受性较弱。经过训练，你应该能够将呼气时间延长 30 ~ 50 秒，随着你对二氧化碳的耐受性增强，你应该能够呼气至 60 ~ 80 秒甚至更长时间。每两周测试一次，以跟踪你对训练和比赛环境的适应情况。

屏气测试

最后两项测试可以测量你屏住呼吸的时间，直接反映你处理压力的能力和自我调节的能力。屏住呼吸可能引发恐慌感，因此从生理和心理角度来看，了解处理这种压力的能力非常重要。随着时间的推移，呼吸中枢对屏住呼吸的敏感性降低，你会发现自己更容易承受压力。这就是为什么持续不断地练习并提高你的屏气时间是很重要的（后面的内容将展示许多屏住呼吸的练习）。

当你屏住呼吸时，氧气的容量减少，二氧化碳的容量增加。虽然在屏住呼吸时你可以感觉到这一点，但一些人可以从脉搏血氧仪的显示屏上观察到这一情况。他们会关注血氧饱和度（SpO_2）。将 SpO_2 降至90%以下（正常通常为95% ～ 100%）的好处是，它模拟了在高海拔地区的体验，并自然产生更多的红细胞。脉搏血氧仪在本章的测试中并不是必需的，但在屏住呼吸练习过程中使用它可能会更容易取得持续的进展。你还可以使用它来确保你的血氧饱和度不会下降得太低（例如，60%或70%）。

在本节的两项测试中，你可能无法屏住呼吸足够长的时间以显示血氧饱和度下降，尤其是你刚开始练习屏气。大多数人在屏气2 ～ 3分钟后才会看到血氧饱和度下降，甚至在这种情况下，仍取决于各种个体因素。因此，你可能希望将脉搏血氧仪用于最大限度屏气或任何使用过度呼吸技术的屏气练习。该设备还有助于跟踪氧气水平，并将其下降与你的感觉以及氧气水平变化所需的时间进行比较。

呼气屏气测试

这项测试可测量你在呼气屏住后对二氧化碳积累的耐受性。它基于帕特里克·麦基翁开发的呼吸屏住评估方法：体内氧气水平测试（BOLT）。麦基翁是一位作者、研究员和呼吸教练（我们在第3章中提到过他）。这项测试侧重于在呼气屏住后进行受控的鼻吸气。如果你想进行高海拔或屏住呼吸训练，你应该能够在这个测试中屏住呼吸超过20秒。

要进行这项测试，请先通过鼻子正常呼吸一分钟。正常呼吸是安静地通过鼻子呼吸，伴随最小的身体活动。经过一分钟的正常呼吸之后，自然呼气并通过捏住鼻子、闭上嘴巴和闭眼来屏住呼吸。屏住呼吸并开始计时，直到你感到强烈的压力感和需要呼吸时，停止计时。第一次吸气必须通过鼻子进行恢复性呼吸。如果屏住呼吸后的第一次吸气是通过嘴巴进行的，请重新开始，因为这意味着你屏住呼吸的时间过长。目标是在测试过程中保持正常呼吸，并在呼气后持续屏住呼吸，这将显示你何时达到窒息状态。随着你在这个测试中屏住呼吸的时间变得更长，你将更少地经历窒息状态。

吸气屏气测试

该测试可以测量你在吸气时屏住呼吸的时间。它与之前的测试类似，不同之处在于它测量的是吸气时的屏气时间，而不是呼气。由于吸气后肺部充盈，所以屏住呼吸的压力较小。吸气屏气测试在心理上没有那么困难，你能够屏住呼吸更长时间。

与呼气屏气测试类似，通过鼻子完全呼吸一分钟，以平静神经系统。一旦平静下来，正常呼吸了一分钟后，找到自然的呼吸节奏，进行正常吸气，然后通过捏住鼻子、闭上嘴巴和闭眼来屏住呼吸。屏气同时开始计时，直到你感到强烈的压力感和需要呼吸时，停止计时。第一次呼气必须通过鼻子进行恢复性呼吸。如果屏住呼吸后的第一次呼气是通过嘴巴进行的，那就要重新开始，因为这意味着你屏住呼吸的时间过长。目标是在测试过程中保持正常呼吸，并在吸气后持续屏住呼吸。

运动员通常可以屏住呼吸 30 秒至 2 分钟。如果你能够屏住呼吸超过一分钟，但在特定的某天发现屏气很困难，你可能感到压力大、疲劳或生病了。可以使用这项测试来关注你的健康、恢复和准备状态。

现在，我希望你对每次呼吸都有更深入的理解。学习如何正确呼吸，以及能够看到自己和他人的正确的身体动作是至关重要的。除了呼吸的机械原理外，了解每次呼吸的肺容积和功能如何可以使你最大程度地进行气体交换。如果氧气和二氧化碳的适当交换不足，你的耐力和整体健康状况将受到影响。如果你发现使用技术有价值，你可以选择各种设备来帮助你监测心肺功能以提高运动表现。在使用手动测量技术和测试时，要注意自己的感受，以及在测试、训练和比赛期间对特定工作负荷的反应。如果你的静息心率较快，呼吸频率较快，或者在延长呼气时间或屏住呼吸时遇到困难，那么你很可能没有完全适应压力。作为运动员，你的目标是通过不断练习应用气体流动来控制运动，从而来优化刺激和反应之间的空间。为了实现这一目标，你必须通过最佳的适应能力来管理和克服压力。在训练和竞技环境之外，进行缓慢和有控制的呼吸，以及在思想上具备处理屏住呼吸的灵活性和自由，都表明你处于积极的生理和心理状态。随着你进入本书介绍的呼吸练习和锻炼，请记住，你是最了解自己的。

第 6 章
氧合练习

现在，你已经了解了有效的呼吸机制，以及积极呼吸习惯的一致性是如何改善神经系统和平静心灵的。你还学会了缓慢呼吸的价值，以及了解了通过鼻呼吸是保持身心氧合的关键，这对于优化表现至关重要。本章中的锻炼将帮助你提高能量水平，并在整个训练年度内保持这种水平。

在氧合呼吸练习中，监控感觉是很重要的。大部分通过呼吸法进行的氧合训练都包括屏住呼吸，这意味着这些练习包括心理成分。屏住呼吸会引起窒息感，这可能触发焦虑和恐慌感。请注意，如果这些练习导致极高水平的焦虑或压力，那么这种类型的呼吸训练将不起作用。呼吸练习不应对机体产生负面影响。某些锻炼对某些人可能效果很好，但对其他人可能根本不起作用。因此，请尝试不同的练习，直到找到适合你的模式。

上一章提供了吸气和呼气屏气测试。初始测试结果提供了一个基准，用来衡量你屏气时间的增加、对压力耐受能力的提高，以及改善平静心灵的能力。屏气测试还为本章中更深入的屏气练习做好了准备。

当你开始专注于呼吸练习时，无论是机械性的改善还是生理性的改善，呼吸的改善都很可能呈指数级的增长。随着你呼气测试成绩的改善，你屏住呼吸的时间会自然地变得更长，因为你开始在一天中正确呼吸。当你有意识呼吸并对呼吸感到好奇时，你会更善于察觉你是否呼吸太快，无论是通过意识到身体的运动还是是否在用嘴呼吸。你可以在一天中迅速进行调整，从而改善表现。身体通过处理更高水平的二氧化碳积累自然地适应健康的呼吸，从而自然地降低呼吸频率并提高耐力。这些积极的适应将在重新测试期间进一步延长呼气和屏气的时间。

一旦你的膈肌正常运动，你已经意识到自己的日常呼吸习惯，并且开始专注于缓慢呼吸并实施一些呼吸练习，你将体验到新的能量水平和恢复能力的改善。请记住，随着你能力的提升，进步速度将会减缓。这类似于在健身房锻炼的过程。起初，力量迅速增加，随着时间的推移，力量增加的速度会逐渐减缓。如果你在一个月内将呼气时间从 20 秒增长到 70 秒，在接下来的一个月改善较少，请不要感到气馁。呼气测试和你能屏住呼吸的时间将会达到峰值。然而，一旦你的呼吸得分达到顶峰，你就已经养成了良好的习惯和常规，正确的呼吸已经成为一种一致性的练习，而不是追求进步的练习。

随着时间的推移，持续的一致性将产生显著的效果，并最终导致健康的潜意识行为。利用这些练习来更深入地了解自己，以及你如何适应生活中、比赛内外的压力源。在这个基础上，你将体验到更好的恢复能力、可持续的能量，以及更深刻的身心自我感知。呼吸是你达到运动表现潜力的指南。你可能会迅速取得进步，但适应是一个持续性的长期过程。

提醒：如果呼吸练习引起头晕、眩晕或感觉可能会晕倒，请立即停止，并开始缓慢呼吸以平静你的系统。

布捷伊科（Buteyko）呼吸法

布捷伊科呼吸法（BBT），或称布捷伊科方法，是使用屏气练习来控制呼吸，使你的呼吸变得更缓慢、更有力量。这种方法在 20 世纪 50 年代由生理学家康斯坦丁·布捷伊科（Konstantin Buteyko）创立，作为治疗哮喘患者防止咳嗽、喘息和呼吸困难的疗法。该技术还旨在帮助焦虑症患者减缓呼吸。布捷伊科方法至今仍然被用作这些问题的非药物干预。一项 2008 年的研究显示，使用这项技术的哮喘患者减少了对吸入型皮质类固醇治疗的需求（Cowie et al., 2008）。这种方法有助于过度呼吸或过度通气的人建立呼吸意识，加强鼻呼吸，并训练身体使呼吸更慢。有些人发现，这种技术可以清理鼻腔和堵塞的鼻孔。

作为一名运动员，你希望全天候都能形成轻松自如的功能性呼吸模式。如果你频繁打哈欠或叹气，这可能是因为你觉得没有得到足够的空气，于是进行更大的呼吸来补偿并阻止疲劳。布捷伊科方法是平衡呼吸、消除上胸部呼吸，以及缓解打哈欠和叹气的好方法。如果你有哮喘或鼻塞问题，布捷伊科方法将改善气道的流量，并缓解呼吸困难。

这种方法利用屏气来减缓二氧化碳的排出过程。当呼吸放慢并开始屏住呼吸的模式时，身体将开始积累二氧化碳。处理二氧化碳积累的能力有助于防止你过度通气或过度呼吸，从而提高表现。当你对来自训练或白天过度通气产生的二氧化碳积累不太敏感时，你就不会经常出现呼吸困难或疲劳。不良的呼吸模式会降低氧气传递并使气道变窄，导致慢性疲劳。如果你无法改变这种情况，不仅会出现疲劳，打哈欠、叹气和运动诱发的哮喘，还会出现精神失调，例如焦虑和情绪反应。当出现这些症状时，你将无法达到巅峰表现。

要进行布捷伊科呼吸法，请盘腿坐在地板上，或坐在椅子上，脚平放在地上。挺直脊柱，保持直立的姿势，放松身体。首先要让身体平静下来，使自己进入副交感神经状态进行练习。花 5～10 分钟通过鼻子缓慢呼吸，每次吸气和呼气均为 5.5 秒，吸气和呼气后自然暂停一会。一旦你感到平静下来，集中注意力，每次吸气时稍微伸展脊柱，然后慢慢地、柔和地呼气，注意感觉肋骨回落和身体收缩。这种轻松的呼吸应该感觉平静、轻松和安静。

当身体达到平衡状态后，开始进行练习。这个练习是被动的，应该与你的自然呼吸模式同步进行。首先，保持嘴巴闭合，通过鼻子自然呼吸。当你准备好时，呼气并用食指和拇指捏住鼻孔。接下来的指示取决于你在进行此方案的当天是否会参与低强度活动或高强度活动。低强度活动可能包括伸展、散步或低阻力骑行或慢跑等，在这些活动中，你保持较低的心率，感到的压力较小。高强度活动可能包括高强度间歇训练、短跑、大重量举重或增强式训练，这些活动很可能会导致用嘴呼吸、心率升高和疲劳感。

- 在低强度活动日，屏住呼吸直到感到需要呼吸，可能会伴有膈肌的不自主运动。一旦感到需要呼吸，缓慢地通过鼻子吸气。然后正常呼吸至少 10 秒，最多 30 秒，重复 10 次。每周进行 2～3 次低强度活动的屏气练习。

- 在高强度活动日，屏住呼吸直到感到最强烈需要呼吸，可能会伴有膈肌的不自主运动。一旦感到强烈的呼吸冲动，通过鼻子吸气。这次吸气不会很慢，可能会更强烈，因为你一直屏气直到感到强烈的呼吸冲动。然后正常呼吸至少 20 秒，最多 40 秒，重复 10 次。在高强度活动日，屏气时间至少应该是低强度活动日的两倍。每周进行 1 次高强度活动的屏气练习。

请记住，屏气后的第一次吸气必须通过鼻子有控制地进行。在此练习中仅使用鼻子会让练习变得过于严格，从而失去了练习的初衷。比如，如果你觉得在屏住呼吸后必须大口呼吸，说明你的屏气时间太长，练习过于紧张。不要专注于长时间的、有压力的屏气，而是要进行受控和适应性的练习，保持与开始练习时相同的自然节奏。

在屏住呼吸后，通过鼻子进行轻盈的呼吸来使你的身体平静下来，将呼吸频率恢复到自然流动。如果感到焦虑或不适，结束练习并继续进行正常呼吸。提醒自己保持对屏气的警觉。随着时间的推移，长时间屏气会变得更容易。你的经验水平和对练习的投入将对你的屏气能力产生重大影响。你必须有足够的经验，充分理解屏气所伴随的感觉，以便保持控制，而且你必须已经确立了一个能够维持你对练习的专注和承诺的"原因"。

当你开始进行布捷伊科呼吸法训练时，可以在早上、运动训练或比赛之前进行，建议每周练习 3 次，连续练习 6 星期，以创建一个基线水平。一旦你的布捷伊科呼吸法练习连续进行了 6 周，就可以根据直觉将低强度和高强度练习纳入你的训练计划中。这意味着你将根据自己的身体所需来选择练习，而不是基于当天的运动训练。2008 年的一项研究发现，这个方案可以有效降低哮喘患者的呼吸频率（Cowie et al., 2008）。即使你没有健康问题，比如呼吸急促、咳嗽或喘息，这种技术也将为呼吸打下基础，并增强对体内二氧化碳积累的感知。这也是一种创造冥想、能量和专注心理空间的积极方式。在获得认知益处的同时，通过布捷伊科方法的练习，你还可以稍微提高耐力及二氧化碳耐受能力，降低呼吸频率。

静态屏气训练

静态屏气是在没有运动的情况下进行的。相比布捷伊科方法需要更多的耐力，也增加了刺激。在你熟悉了布捷伊科方法之后，可以练习这里介绍的静态屏气，然后再进行伴有运动的屏气练习。在静态屏气中，更容易控制屏气的时长，并在体验中变得更加专注。

静态屏气是以受控的方式尽可能长时间地屏住呼吸，旨在推动更深入地进行屏气和提高肺容量，以提升运动表现。静态屏气将帮助你更好地利用肺部容量，同时控制膈肌。使用更多的肺容量不仅可以提高你的适应性，而且你会发现在压力下更容易控制呼吸。自由潜水员就是一个很好的例证。这些潜水员能够管理并处理压力，因为他们能够利用整个肺部，并在压力下控制他们的心态。潜水的深度各不相同，但通常在 20 ～ 60 英尺（约 6.1 ～ 18.3 米），这被视为平均自由潜水深度。自由潜水员可以在水下屏气数分钟。

　　自由潜水和冲浪的人群练习多种方案，来增强他们在屏气时保持镇静和放松的能力。由于自由潜水员屏气的时间异常长，他们必须训练这种能力。尽管大多数运动员不需要训练屏气到这种程度，但这些方案和教导可以被任何运动员在任何运动中应用。提高这种技能的方法之一是通过干式静态屏气。术语"干式"指的是在陆地上进行，而"静态"则是指没有动作。这些练习有助于控制呼吸频率，应对高强度训练，处理体内低氧水平，并在压力下保持镇静。自由潜水世界纪录保持者、自由潜水员斯蒂格·塞韦林森（Stig Severinsen）的肺部可以容纳14升空气。作为对比，普通男性的肺部可容纳6升空气。他将这归功于他进行的呼吸练习，以延长自己屏气的时间。有关自由潜水员的研究表明，他们经历的压力和焦虑水平明显低于不进行自由潜水的人（Alkan and Akis，2013）。自由潜水展示了人体的力量，更具体地说是呼吸的力量。通过向自由潜水员学习，你可以发掘自身的潜力。

　　这里提供的静态屏气方案强化了吸气和呼气肌肉。你可以将它们视为在休息日或训练前进行的小型锻炼。主要目标是增加屏气的时间，并更加熟悉屏气时带来的感觉。随着时间的推移，你应该自然地感到平静，无论是在训练还是在比赛中。你的耐力得到提高，恢复能力也有所增加。每种方案的感受都会不同，所以起初都要练习各种方案以体验不同的感觉。最适合你的方案是你感觉最舒适的方案。每个方案都将简要描述其目的。

　　对于大多数健康的运动员来说，在安全的环境中进行干式静态屏气是安全的。安全的环境是指一个开放的空间，如垫子、草地或沙滩等软质地面。如果晕倒或失去意识并跌倒，你最不希望发生的就是因为周围环境而受伤。然而，需要注意的是，屏住呼吸可能会导致血压升高、脑损伤的风险增加、失去协调能力、心率下降，以及血糖水平升高（Andersson, Linér, and Jönsson，2009）。本节还为那些掌握了干式静态屏气练习的有经验的运动员提供了水下静态屏气的练习。因为在水下屏住呼吸可能存在失去意识和溺水的风险，所以这些练习应该在有监督的情况下进行，并在浅水池、378升的浴缸、水桶或你可以轻松站起来或将脸抬出水面的地方进行。

静态屏气技巧

持续屏气是一项技能，也是一种提升竞技水平和稳定心态的绝佳工具。除了提高表现外，它还可以带来精神层面的益处。在进行静态屏住呼吸方案时，以下是一些需要考虑的情况。

· 在静态屏住呼吸时，可以使用鼻子或嘴巴，选择最适合你的方式。尽管鼻呼吸是主要的呼吸方式，但在开始屏气时使用嘴巴可能更好，因为这样可以吸入更多空气并排出更多气体。随着屏气时间的增加或引起更多的压力时，可以使用嘴巴来进行恢复。

· 延长呼气时间，使其比吸气时间长。这将降低心率，使头脑和身体平静下来，并消耗较少的氧气，这意味着你能够屏气的时间更长。

· 在每次吸气和呼气后暂停。暂停必须是被动的，在暂停期间没有压力，膈肌或肋间肌也没有紧张感。暂停可以降低呼吸和心率。

· 尽量保持放松。在屏气时，放松意味着控制。你应该感到平静，并为每次屏气做好准备。放松的呼吸可以在屏气过程中使你保持镇静。

· 在吸气和屏住之前彻底地呼气。尽量拉紧腹部肌肉，将尽可能多的气体排出。

静态屏气热身

在进行静态屏气方案前进行热身。这种热身可以帮助你与自己的呼吸联系起来，同时保持神经系统和内环境稳态。进行以下热身活动，持续进行 5 分钟有节奏的呼吸。

· 通过鼻子吸气，持续 5.5 秒。
· 通过鼻子呼气，持续 5.5 秒。
· 在每次吸气和呼气后自然暂停。
· 重复进行 5 分钟。

高水平二氧化碳静态屏气

3 种屏气方案可以帮助身体逐渐适应较高水平的二氧化碳。每次减少休息时间，旨在增加二氧化碳水平。屏气可以作为休息日的恢复性工具使用，或者在训练前为身体应对精神压力和挑战做准备。这些方案持续 10 ～ 30 分钟，每周可使用 2 ～ 4 次。在训练日使用轻松到中等的方案，在休息日使用进阶方案。这些方案与桑拿和冷暴露（将在本书第 9 章中介绍）相配合。在这 3 种方案中，屏气是在吸气时进行的。

方案 1：定制版

在这个个性化的方案中，屏气的持续时间基于你在第 5 章进行的吸气屏气测试的结果。每次屏气的时间为你吸气屏气测试时间的 50%。这在练习时将对身心造成最小的压力，同时减少休息时间。这个方案需要 10 ～ 15 分钟。在休息日使用完整的方案，在训练日，可以只使用第 1 步，休息 1 分钟。

坐在椅子上，双脚平放在地上，或者盘腿坐在地板上。如果这些姿势让你感到不舒服，你可以仰卧，膝盖弯曲，双脚着地。无论采用哪种姿势，都要保持脊柱中立。屏气前，呼出所有的空气，然后横向深吸一口气。

1. 50% 吸气屏气测试时间，连续进行 5 次，每次屏气之间休息 1 分钟。
2. 50% 吸气屏气测试时间，休息 45 秒。
3. 50% 吸气屏气测试时间，休息 30 秒。
4. 50% 吸气屏气测试时间，休息 15 秒。

方案 2：轻松到中等

由于这个方案比较轻松，所以不论经验水平如何，大多数人应该都能够执行，它是开始屏气练习的好方法。它不会对身心造成负担，而且可以模拟一次锻炼。在这个方案中，每次屏气持续 40 秒，直到最后一次屏气，持续时间至少为 1 分钟。在这个方案中，唯一的变化是休息时间。每组结束后，你的恢复和控制呼吸的时间会减少。这个方案大约需要 10 分钟，可以在休息日进行，或在训练前每周进行两次。

坐在椅子上，双脚平放在地上，或者盘腿坐在地板上。如果这些姿势让你感到不舒服，你可以仰卧，膝盖弯曲，双脚着地。无论采用哪种姿势，都要保持脊柱中立。屏气前，呼出所有的空气，然后横向深吸一口气。

1. 吸气和呼气持续 90 秒，吸气屏气持续 40 秒。
2. 吸气和呼气持续 60 秒，吸气屏气持续 40 秒。

3. 吸气和呼气持续 45 秒，吸气屏气持续 40 秒。

4. 吸气和呼气持续 30 秒，吸气屏气持续 40 秒。

5. 吸气和呼气持续 15 秒，吸气屏气持续 40 秒。

6. 3 次吸气和呼气，吸气屏气持续 40 秒。

7. 1 次吸气和呼气，吸气屏气持续 40 秒。

8. 1 次吸气和呼气，吸气屏气持续 60 秒或更久。

方案 3：进阶方案

在执行这个方案之前，你应该能够屏气至少 90 秒。目标是屏气 90 秒，在每组之间充分恢复，休息时间逐渐缩短。这个方案需要 20 ～ 25 分钟才能完成，包括 8 个循环。仅在休息日使用这个方案，并尝试逐渐缩短休息时间。一个合适的目标是保持屏气 90 秒，同时在恢复阶段进行 1 ～ 3 次呼吸来结束。

坐在椅子上，双脚平放在地上，或者盘腿坐在地板上。如果这些姿势让你感到不舒服，你可以仰卧，膝盖弯曲，双脚着地。无论采用哪种姿势，都要保持脊柱中立。屏气前，呼出所有的空气，然后横向深吸一口气。

1. 屏气持续 90 秒。

2. 休息 2 分钟，吸气屏气 90 秒。

3. 休息 1 分 45 秒，吸气屏气 90 秒。

4. 休息 90 秒，吸气屏气 90 秒。

5. 休息 75 秒，吸气屏气 90 秒。

6. 休息 60 秒，吸气屏气 90 秒。

7. 休息 45 秒，吸气屏气 90 秒。

8. 休息 30 秒，吸气屏气 90 秒。

低氧静态屏气

这是一个中高强度的方案，通过延长休息期间的屏气时间，使身体适应低氧水平。在这个方案中，在吸气时屏气。将这个方案作为休息日的一种训练形式。完成整个过程大约需要 30 分钟。

坐在椅子上，双脚平放在地上，或者盘腿坐在地板上。如果这些姿势让你感到不舒服，你可以仰卧，膝盖弯曲，双脚着地。无论采用哪种姿势，都要保持脊柱中立。屏气前，呼出所有的空气，然后横向深吸一口气。

1. 屏气持续 30 秒。

2. 休息 2 分钟，吸气屏气持续 45 秒。

3. 休息 2 分钟，吸气屏气持续 1 分钟。

4. 休息 2 分钟，吸气屏气持续 1 分 15 秒。

5. 休息 2 分钟，吸气屏气持续 1 分 30 秒。

6. 休息 2 分钟，吸气屏气持续 1 分 45 秒。

7. 休息 2 分钟，吸气屏气持续 2 分钟。

8. 休息 2 分钟，吸气屏气持续 2 分 15 秒。

9. 休息 2 分钟，吸气屏气持续 2 分 30 秒。

水下静态屏气

在水下屏气的过程中，将头浸入水中。请记住，这可能是危险的，应在安全环境中和在有监督的情况下练习。利用水下来练习屏气可以促进一种冥想体验。水能降低感官刺激，有助于你更深入地放松进行屏气。这可以在提高屏气能力的同时带来一种美妙的体验。

在进行这些水下方案时，请佩戴能遮住眼睛和鼻子的护目镜，这样就不必担心水会进入眼睛，也不必用手捏住鼻子。在这些方案中通过嘴呼吸，并在吸气时屏气。这些水下方案可作为休息日的练习和恢复活动，或者在训练前每周进行一两次。

方案 1：高二氧化碳水下静态屏气

在这个方案中，休息时间逐渐减少，有助于逐渐适应二氧化碳的积累。完成这个方案大约需要 10 分钟。

在水下屏气期间，你会呈"漂浮"姿势。身体朝下浸入水中，双臂伸向两侧或向前，双腿向后伸直。如果无法坚持屏气，可以露出水面呼吸并恢复。如果某次完成屏气有困难，请不要尝试下一个级别。使用你感到舒适的屏气持续时间来练习这个方案，直到你能够增加时间为止。

1. 吸气和呼气持续 90 秒，吸气后屏气 40 秒。

2. 吸气和呼气持续 60 秒，吸气后屏气 40 秒。

3. 吸气和呼气持续 45 秒，吸气后屏气 40 秒。

4. 吸气和呼气持续 30 秒，吸气后屏气 40 秒。

5. 吸气和呼气持续 15 秒，吸气后屏气 40 秒。

6. 3 次吸气和呼气，吸气后屏气 40 秒。

7. 1 次吸气和呼气，吸气后屏气 40 秒。

8. 1 次吸气和呼气，吸气后屏气 60 秒或更长时间。

方案 2：低氧水下静态屏气

在这个方案中，休息时间保持不变，而屏气的时间变长。在水下体验低氧水平时会对你造成压力。在休息日进行这个练习，可作为一个小型锻炼和恢复活动，或者在训练前进行一次。由于这个方案中的屏气时间比方案 1 更长，所以在完成方案 1 并有水下屏气经验之后再尝试这个方案。这个方案大约需要 30 分钟。

在水下屏气时，你将会呈"漂浮"姿势。身体朝下浸入水中，双臂伸向两侧或向前，双腿向后伸直。如果无法坚持屏气，可以露出水面呼吸并恢复。如果在完成某次屏气时间时感到困难，请不要尝试下一个级别。使用你感到舒适的屏气持续时间来完成这个方案，直到你能够增加时间为止。

1. 屏住呼吸 30 秒。

2. 休息 2 分钟，吸气后屏气 45 秒。

3. 休息 2 分钟，吸气后屏气 1 分钟。

4. 休息 2 分钟，吸气后屏气 1 分 15 秒。

5. 休息 2 分钟，吸气后屏气 1 分 30 秒。

6. 休息 2 分钟，吸气后屏气 1 分 30 秒。

7. 休息 2 分钟，吸气后屏气 1 分 45 秒。

8. 休息 2 分钟，吸气后屏气 1 分 45 秒。

低氧呼吸训练

本节方案探讨了低氧呼吸训练，模拟在高海拔地区的呼吸环境，该地区氧气水平要低得多。当然，进行这种练习最简单、最容易的方法是真正位于高海拔地区，但并非所有的运动员都能登上山顶。

低氧呼吸的概念很简单。高海拔环境中的氧气较少，当运动员在高海拔地区生活或训练时，他们会获得更多的红细胞，这使他们的血液中能够携带更多的氧气。

这是因为处于高海拔会触发激素反应，从而增强氧气向身体输送的方式。这些反应增强了血管，增加了血流量，从而改善了心脏功能，增强了肌肉表现和整体健康。海平面的空气中氧气含量为 20.9% ～ 21%，而海拔 8,000 英尺（约 2,438.4 米）处的空气中只含有 15.5% 的氧气。氧气的下降会触发肾脏产生促红细胞生成素，刺激红细胞生成。此外，空气中的氧气分压较低，这意味着血液中供肌肉、心脏和肺部使用的氧气较少。随着时间的推移，这种训练会增加机体在海平面上的耐力。

以下方案在呼气屏气时，由于体内二氧化碳和乳酸堆积，会立即产生压力。这些方案还利用运动来增加压力。运动会加速二氧化碳的积累，使呼气屏气变得更加困难，并产生更大的压力刺激。为了管理压力，在每组练习之间确保得到充分的恢复。

将低氧呼吸屏气训练纳入你的计划中，每周进行 2 ～ 4 次。如果你进行耐力训练，选择一个耐力练习。如果进行敏捷性训练，选择一个敏捷性练习。如果进行力量训练，选择一个力量练习。目标是在屏气的情况下完成一组重复 6 ～ 10 次的动作。这些呼吸练习应该为你之后完成一次高质量的训练提供准备。连续训练 4 ～ 6 周，然后休息两周，再继续低氧屏气训练。通过记录你的屏气持续时间或移动距离来跟踪你的进步。你应该会在第 4 周到第 6 周看到改善。

请注意，在呼气屏气时体内的二氧化碳积累可能会让你感到幽闭恐惧症或心跳加快，或者引起焦虑，还可能在屏气的高峰时感觉视野变窄。感到不舒服是正常的，但如果感到不安全，可以减少移动的距离、重复次数或屏气的时间。呼气时自然呼出，不要强迫尽量将肺部的气体排出。在肺部有一些空气的情况下进行运动会减轻压力。

以下呼气屏气的方案引入了轻微的低氧条件，迫使身体在进行基本的锻炼时适应低氧水平。低氧训练的平衡在于在短期内制造不利影响，以实现长期适应，通过提高耐力、改善恢复能力和精神清晰度来提高表现。过于激进地进行这些练习可能会导致负面效应，如超负荷压力和焦虑，并阻碍实现积极的长期效果。

这些方案仅使用鼻呼吸，有助于身体自我调节并适应压力。鼻呼吸还可以促进呼吸机制和氧合作用的改善。就像在布捷伊科方法中一样，在每组呼气屏气之后，停下来充分恢复，然后再开始下一组。充分恢复将防止触发引发焦虑的应激反应。

要执行呼气屏气方案，请通过鼻呼吸来平静身体和神经系统。最后一次呼气后，在屏气的情况下进行运动。通过鼻呼吸进行恢复，直到呼吸恢复正常。平均需要 5 ～ 10 次鼻呼吸或 15 ～ 30 秒才能恢复。充分恢复后，再次呼气并进行运动。如果你必须通过口腔进行最初几次恢复呼吸，说明你屏气的时间太长了。整个练习过程应该只使用鼻呼吸来完成。

间歇性低氧训练

　　用间歇性低氧训练（IHT）模拟高海拔训练，是模拟在高处训练和低处生活的好方法，这是许多职业运动员遵循的做法。这个训练的关键词是"间歇性"，并不是为了长时间持续进行低氧训练。人体不适合在低氧环境中工作。正确使用低氧训练可以产生显著的适应性，并增加携氧能力。IHT 可以提高有氧能力和肌肉组织的氧气利用率，增加专注力和能量，可以立即用于提高表现。如果你感到疲劳或缺乏注意力，使用第 104 ～ 106 页上的呼气屏气方案之一以制造低氧条件可能会很有用。这将产生少量额外的红细胞和氧合的肌肉组织，从而优化当下的表现。在进行之前，做 3 ～ 5 轮的呼气屏气运动。这种练习不会带来长期效益，但是对体内细胞施加急性压力有助于提高当下的表现。

呼气屏气结合耐力训练

　　本节中的方案是与耐力训练结合使用的，非常适合在训练和比赛之前进行热身和激活身体。在热身时，选择步行或慢跑。在冲刺时屏气应该在训练环境中进行，特别是在有氧训练课程的开始阶段。如果在比赛之前使用，请将时间或次数减半，并且仅进行一项练习。你可以选择本节中的 3 个练习中的一个，并专注于它；或者通过将时间和次数减少三分之一，并按照步行—慢跑—冲刺的顺序进行组合练习。

步行

　　保持步伐节奏，并且仅通过鼻子呼吸 15 ～ 30 秒。在继续行走时呼气并屏气。一旦感到强烈需要呼吸，通过鼻子恢复呼吸，并在恢复期间继续行走。一旦你的呼吸恢复正常，再次呼气并重复。进行 10 分钟的练习。

慢跑

保持慢跑节奏，并且仅通过鼻子呼吸 15 ～ 30 秒。在继续慢跑时呼气并屏气。一旦感到强烈需要呼吸，通过鼻子恢复呼吸，并在恢复期间继续慢跑。一旦你的呼吸恢复正常，再次呼气并重复。进行 10 分钟的练习。

冲刺

静止站立，通过鼻子呼吸 15 ～ 30 秒。当准备好后，呼气、屏气并尽可能远地冲刺，直到感到强烈需要呼吸。停下来通过鼻子恢复呼吸。在此练习的恢复阶段内保持静止。一旦你完全恢复并且呼吸正常，再次呼气并重复。进行 10 次冲刺，每次尽量保持相同的距离。

呼气屏气结合敏捷性训练

本节中的方案与耐力和敏捷性训练结合使用，非常适合在训练和比赛前进行热身和激活。在用于热身时，请执行你最喜欢的练习。在进行敏捷性运动时，屏气应该在训练环境中使用，特别是在有氧运动训练课程的开始阶段。如果在比赛前使用，请将时间或次数减半，并且只进行一个练习。你可以专注于一个练习，或将两个练习结合起来，通过将次数减半依次进行：跳绳、高抬腿。

跳绳

静止站立，通过鼻子呼吸 15 ～ 30 秒。当准备好后，呼气、屏气并尽可能快地跳绳，同时计数。当你感到强烈需要呼吸时停止，并通过鼻子恢复呼吸。每个恢复阶段你都会停下来。一旦感到完全恢复并且呼吸正常，再次呼气并重复。进行 10 组，尝试每次完成相同次数的跳绳。

高抬腿

静止站立，通过鼻子呼吸 15 ～ 30 秒。当准备好后，呼气、屏气并尽可能快地进行高抬腿动作，同时计数。当你感到强烈需要呼吸时停止，并通过鼻子恢复呼吸。每个恢复阶段你都会停下来。一旦感到完全恢复并且呼吸正常，再次呼气并重复。进行 10 组，尝试每次完成相同次数的高抬腿动作。

呼气屏气结合力量训练

本节中的方案与耐力和力量训练结合使用，非常适合在训练和比赛前进行热身和激活。在用于热身时，请选择你最喜欢的一种练习。在进行力量训练时屏气应该在训练环境中使用，特别是在有氧运动的开始阶段。如果在比赛之前使用，请将时间和次数减半，只执行一个练习。你可以专注于一个练习，或通过将时间和次数减半的方式结合不同练习，依次进行：农夫行走、推雪橇。

农夫行走

站立，在身体两侧的地面上放两个壶铃或哑铃，并通过鼻子呼吸 15 ～ 30 秒。选择你可以控制并在呼气屏气后可以安全放下的重量。准备好后，呼气、屏气、拿起重物，尽可能远地行走，直到你感到强烈需要呼吸。慢慢将重物放下，通过鼻子恢复呼吸。当你感到完全恢复并且呼吸正常后，再次呼气并重复。进行 6 ～ 10 次，尝试每次完成相同的距离。

推雪橇

站在一个敏捷雪橇的前面，通过鼻子呼吸 15 ～ 30 秒。选择你可以控制并在呼气屏气时可以安全推动的重量。当准备好后，呼气、屏气，将雪橇推到你能够推的最远距离，直到你感到强烈需要呼吸。停止推动，并通过鼻子恢复呼吸。在感到完全恢复并且呼吸正常后，再次呼气并重复。进行 6 ～ 10 次练习，尝试每次完成相同的距离。

低通气训练

低通气训练采用异常缓慢的呼吸或短暂、有规律的屏气，配合跑步、骑车、划船和游泳等活动进行。这里的屏气不是长时间憋气，因为屏气时间过长会对身体造成负担，并导致过早疲劳。低通气方案应仅在训练期间进行，而不应在比赛中使用。

在低通气训练期间，二氧化碳水平上升，而氧气水平下降。詹姆斯·康斯尔曼博士（Dr. James Counsilman）是一位前大学和美国奥运游泳教练，曾指导多名运动员获得金牌，被许多人认为是美国游泳历史上最具创新力的教练。他在 20 世纪 70 年代开发了一种方法，通过限制呼吸频率来为游泳运动员创造缺氧条件。传统的低通气方法包括吸一口气，屏住一段时间或划一定次数的水，然后呼气并重复这个过程。康斯尔曼博士建议每划 5 次或更多次水后呼吸，而不是传统的每划 2 ～ 3 次水呼气。这迫使身体适应较低的氧气水平。你不需要成为游泳者或自由潜水员就可以从低通气训练中获益。简单的干地训练方案中，你在呼气后屏气会降低氧气水平，对身体产生有效的应激，为提高表现产生积极的适应。

低通气训练可以在休赛期每周进行 3 ～ 4 次，这通常是运动员试图将身体推向极限的时候。而在赛季或恢复期间，在有氧运动日进行一次低通气训练。这种训练不会引起严重的健康问题；但它可能会很具挑战性，就像任何高强度训练一样。如果你患有高血压、心脏疾病或肺部疾病，在进行高强度的低通气训练方案之前，应该咨询医疗专业人士。

将你的呼吸与以下动作结合训练，可以在训练时降低氧气含量。如果你无法在 10 ～ 15 分钟内仅通过鼻子呼吸，可以从 5 分钟开始逐渐增加。呼气屏气的时间不应太长，以至于停止运动或中断节奏。如果你觉得呼气屏气过于有压力，可以降低频率或减少屏气的持续时间，或以较慢的速度运动。

跑步或慢跑

以你可以控制的速度进行跑步或慢跑，将步伐与呼吸节奏匹配，通过鼻子吸气 3 秒（3 步），再通过鼻子呼气 3 秒（3 步）。经过 5 ～ 6 次呼吸后，通过鼻子进行正常呼气，然后屏气计数 10 步（如果你只能屏气 6 步或 8 步，那也没关系；你可以逐渐增加到 10 步）。再次通过鼻子吸气 3 秒（3 步），通过鼻子呼气 3 秒（3 步），再进行另外 5 ～ 6 次呼吸。继续循环进行 10 ～ 15 分钟。你不必完美地完成这个练习。目标是按照你的步伐节奏进行屏气，降低跑步时的呼吸频率。这个练习需要集中注意力。

划船机

这个练习有两个动作，你需要将呼吸与这些动作相匹配。在划船的起始位置吸气，然后在完成划船动作时呼气。进行 5 次划船，通过鼻子正常呼吸。完成 5 次后，在第 5 次呼气后屏住呼吸，再划 2 次。继续缓慢划船，并与你的吸气和呼气的节奏相配合，同时通过鼻子呼吸达到完全恢复状态。一旦你的呼吸恢复正常，就重复这个练习。进行 10 ～ 15 分钟练习。

固定自行车

骑固定自行车时，通过鼻子吸气3秒，然后通过鼻子呼气3秒。完成5次完整呼吸后，通过鼻子呼气并屏住呼吸6～10秒。完成屏气后，恢复正常呼吸，继续踩踏自行车。一旦你的呼吸恢复正常，感觉恢复，就重复这个练习。进行10～15分钟练习。

氧疗舱

氧疗舱在体育界变得流行起来。在高压氧疗法中，运动员在一个气压高于正常的舱内呼吸100%的氧气（我们呼吸的空气中含有21%的氧气），以帮助肺部收集更多氧气。这有助于组织积累更多氧气并促进其愈合。低压氧舱从舱内去除氧气，以模拟高海拔环境。这些舱被用于减轻炎症、帮助免疫细胞摧毁细菌，并模拟血管的形成，使身体各部位的氧合得到改善。高压氧舱抵消了体内低氧水平，这可能会导致疾病、损伤和表现不佳。

在使用高压氧舱或低压氧舱对身体进行氧合时，最大的困难是获取途径。要持续使用才能从这种疗法中获得长期的益处。大多数运动员每周至少需要进行1次治疗，甚至多达5次。可能需要持续几周的治疗才能看到效果。

现在你已经掌握了许多练习方法来增强屏气的能力。有意识地运用这些练习，不仅可以提高你的竞技水平，还可以提升自我意识。正如本章早些时候所述，要始终保持一致。将静态和运动屏气方法都应用到训练、比赛日及休息日。随着时间的推移，你会越来越少地关注屏气的时间，而更多地关注你屏气时的感觉。一座山在各种天气条件下都依然保持强大而稳固。屏气始终会有不同的感受，因此无论周围发生了什么，你都要像一座山一样。

第 7 章
强化练习

随着呼吸相关肌肉的强化，肺容量和耐力水平将会提高。通过本章的练习有意识地来增强呼吸肌，你将能够在表现和日常情况下呼吸都更为轻松，这有助于维持能量平衡。除了改善肺部健康外，在训练和比赛期间，还应该注意到你的灵活性也有所提高。你将对呼吸过程中的肌肉运动有更深刻的认识。

本章描述了多种呼吸技术和一系列练习，有助于使身体正常运转，你可以选择最适合你的练习。在这些方案中，可能需要时间来掌握专注于呼吸并逐渐感到舒适。请花时间学习这些练习，然后找到最适合你的练习方式。

本章首先介绍了强化呼气肌肉的练习，以帮助你控制呼气，并增强对呼吸中所使用的肌肉的认识。第 5 章介绍了一种测量呼气时间长度的测试。当你的呼吸肌足够强大，可以控制呼气时间时，你会感到更加平静，能够在压力下表现出色，并提高保持健康的能力。

为了提高你的呼吸技能，请使用横向呼吸和膈肌呼吸，并在呼气时利用腹部肌肉来控制呼气的节奏和速度。随着呼吸练习的持续进行，这将变得更容易。你可以使用第 5 章第 89 页的呼气测试来跟踪改善情况。

接下来，本章关注吸气肌肉练习，胸廓、脊柱、背部和盆底肌练习。使用呼吸练习来保持这些区域的健康非常重要。盆底肌是第 2 章中讨论的最低的呼吸肌，它随着胸廓、膈肌一起运动。强化和控制盆底肌不仅有助于内脏器官正常运作，还可以保护躯干。如果你想在这些练习之前进行热身，可以使用第 5 章中介绍的呼吸热身练习方法。

强化呼气肌肉的练习

以下训练可以强化与呼气有关的肌肉。呼气是一种被动运动。当你呼气时，肋骨向下移动并旋转，以帮助膈肌将空气推出肺部，同时盆底肌向上推到脏器底部，完成呼吸的呼气阶段。这些练习不仅加强了膈肌和盆底肌，还加强了支持呼气过程的腹部肌肉。当膈肌向上推回胸廓时，你需要强壮的腹壁支撑，施加压力以完成一次完整的呼气。

控制呼气的最大吸气

在这个练习中，你将进行最大限度的吸气，然后通过缩唇控制呼气。你将学会如何控制呼气，以及如何正确地扩张肺部。你将专注于在吸气时扩大胸廓，尽可能多地吸入空气，然后利用呼吸肌以受控、缓慢的方式将肺部的空气排出。

首先，盘腿坐在地板上，或坐在椅子上，双脚平放在地上。如果你在这些姿势下无法完全扩张肺部，你可以仰卧，屈膝，双脚平放在地上。在所有姿势中，将双臂放在身体两侧，或将一只手放在腹部，另一只手放在胸部。在随后的热身和工作阶段，你将通过嘴巴分 3 个阶段吸气。想象吸气就像从肚脐开始并向上延伸到锁骨的波浪。

然后，深吸一口气进入腹部。当感到腹部已经达到最大容量时，稍作停顿。接下来，向下部和中部的胸廓周围扩张，感到胸廓中部打开时，稍作停顿。最后，向上胸廓吸气，推动锁骨并将空气吸入肺部顶部。在这个完全吸气的顶峰，停留一秒，感觉肺部从上到下充满了空气。通过缩起嘴唇开始呼气，发出轻轻的"呼"的声音。挤压腹部肌肉，帮助控制呼气的速度。呼气的重点是缓慢地将肚脐向脊柱拉动，同时引导膈肌回到胸廓下方。

以下是这个练习的步骤。

热身

完成 3 次完全呼吸，每次进行 3 部分吸气过程，然后在每次呼气时逐渐增加时间。每次吸气大约需要 10 秒。呼气的持续时间确保你在充分吸入空气后，能够完全控制呼气。整个热身过程应该持续 90 秒到 2 分钟。

- 第一次呼吸：通过嘴深吸气，使用 3 部分吸入法，然后通过嘴呼气，至少持续 10 秒。
- 第二次呼吸：通过嘴深吸气，使用 3 部分吸入法，然后通过嘴呼气，至少持续 15 秒。
- 第三次呼吸：通过嘴深吸气，使用 3 部分吸入法，然后通过嘴呼气，至少持续 20 秒。

练习阶段

一旦你可以在完全肺部吸满空气之后控制 20 秒的呼气，再进行 5 次呼吸，通过嘴深吸气，使用 3 部分吸入法，然后呼气 20 秒。同样，3 部分吸入法大约需要 10 秒。随着进步，你可以将呼气时间从 20 秒增加到 30 秒、40 秒，甚至高达 60 秒。

全呼气倒计时

在这个练习中，你将完全呼出肺部的空气，然后通过大声倒数来训练肺部的余气量，从而加强呼气肌肉。

盘腿舒适地坐在地板上，或坐在椅子上，双脚平放在地上。保持脊柱中立。不建议采用卧姿进行这个练习。首先，通过鼻子完全吸气（见图 a）；无须达到最大容量。在吸气后，通过嘴巴吹出所有的空气（见图 b）。当感觉没有更多空气可呼出时，挤压腹部肌肉产生张力，并安静地倒数（见图 c）。目标是尽可能缓慢地倒数，同时保持核心收紧，肺部不含空气。按以下步骤进行 3 次呼吸。

- 第一次呼吸：通过鼻子吸气，通过嘴巴呼出所有空气，挤压腹部肌肉产生张力，然后从 10 开始倒数。
- 第二次呼吸：通过鼻子吸气，通过嘴巴呼出所有空气，挤压腹部肌肉产生张力，然后从 20 开始倒数。
- 第三次呼吸：通过鼻子吸气，通过嘴巴呼出所有空气，挤压腹部肌肉产生张力，然后从 30 开始倒数。

在倒数结束后，专注于通过鼻子缓慢地深吸一口气。一旦你能够轻松地从 30 开始倒数，可以增加数字，但请记住，每次倒数后你应该能够有控制地吸气。如果你无法缓慢倒数或无法在倒数后进行有控制的吸气，那说明所选的数字太高了。

图 a：通过鼻子完全吸气
图 b：通过嘴巴吹气
图 c：挤压腹部肌肉产生张力

气球呼气系列

这组练习使用气球来帮助你延长呼吸时间，加强呼气肌肉，并增强呼吸力量。气球可以帮助你在保持下颌放松的同时呼出所有空气。如果使用气球太困难，你可以在没有气球的情况下进行练习，但建议先尝试在所有的练习中使用气球。在开始之前，拉伸气球以便你能更容易向其中吹气。你也可以先往气球里吹一点气，以便在吹气时更容易将其吹起。

胸廓扩张呼吸

这个练习的目的是扩展胸廓，增加从胸廓底部到髋骨的长度。由于肋骨的前部会扩张并为每根肋骨之间的肌肉创造空间，呼气将用于强化参与呼气的腹部肌肉。首先，盘腿坐在地板上或坐在椅子上，双脚平放在地上。保持脊柱挺直。在整个练习过程中，只使用口呼吸。通过嘴巴深吸气，延长脊柱，并尽可能扩展肋骨前部（见图 a）。在吸气的最高点，将肩胛骨后缩，以使乳头上方的上胸部扩张。头略微仰起。

当你达到吸气的最高点时，把气球放入口中，通过嘴将空气吹入气球，同时朝胸部方向收下巴，肩胛骨前伸。专注于呼气，同时将肚脐拉向脊柱，身体前倾，将所有空气吹到气球中（见图 b）。完成两组，每组 15 次呼吸。

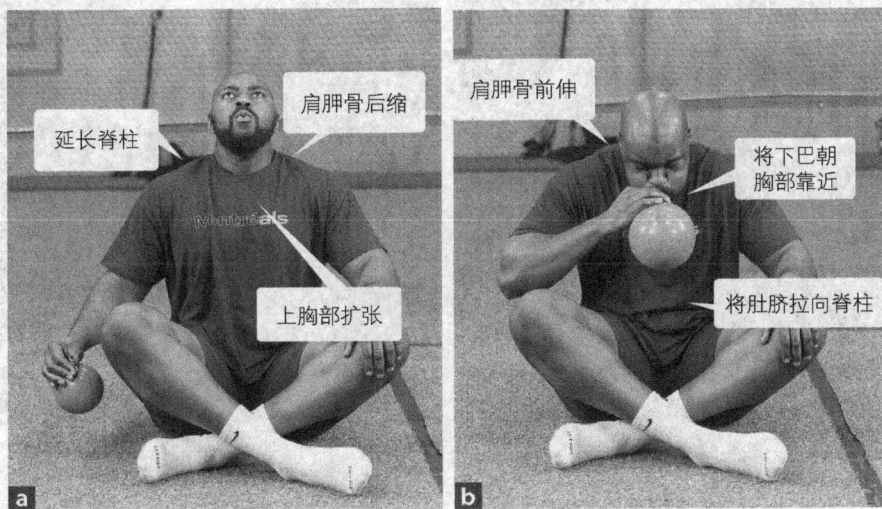

延长脊柱 / 肩胛骨后缩 / 上胸部扩张

肩胛骨前伸 / 将下巴朝胸部靠近 / 将肚脐拉向脊柱

猴式悬挂呼吸

这个练习的目的是通过将身体悬挂在引体向上的横杆上来延伸身体。吸气将扩展胸廓。当你呼气时，你应该感觉到胸廓被下拉，盆底肌被激活。你的腿可能会前摆，但在呼气时脊柱保持中立。这是盆底肌被激活的结果。

首先，以手掌远离身体的方式悬挂在引体向上的横杆上，嘴里含一个气球，通过鼻子深吸气，直到感觉吸气已达到最高点（见图 a），然后用嘴巴缓慢地将空气呼出到气球中。在开始呼气时，轻微将下巴下收，并提拉盆底肌（见图 b）。这将连接身体的中心，并帮助你控制呼气。这个练习需要握力和控制呼吸，以保持脊柱中立。完成两组，每组 5 次呼吸。

通过鼻子进行比平常更大的深吸气

慢慢地将气体呼出到气球中

提拉盆底肌

仰卧 V 形上举呼吸

这个练习的目的是加强呼吸中涉及的腹部肌肉，并在呼气时激活盆底肌。仰卧，将胸廓下压，使下背部贴在地面上。手中拿着一个气球。通过鼻子吸气，将气球放入嘴里（见图 a）。在开始呼气时，进行 V 形起身并将空气呼入气球（见图 b）。整个过程始终保持下背部贴地。完成两组，每组 5 次呼吸。

通过鼻子吸气并将气球放入嘴里

下压胸廓以保持下背部贴地

向气球呼气

保持下背部贴地

90-90 壁式呼吸

这个练习的目的是在保持脊柱中立的同时，加强腹部肌肉和膈肌。首先，仰卧，臀部和膝盖呈 90 度，双脚紧贴墙壁。将胸廓下压，使下背部贴地。抬起臀部，使身体离地面约 1 英寸（约 2.5 厘米），以激活腘绳肌。一只手放在腹部，另一只手拿着气球。通过鼻子深吸气，感受气息进入腹部再到胸廓。一旦感觉呼吸已经到达胸廓，将气球放入嘴里（见图 a）。通过嘴巴将空气呼入气球，同时将胸廓压向地面（见图 b）。这将使骨盆处于中立位置并激活腹部肌肉。完成两组，每组 5 次呼吸。

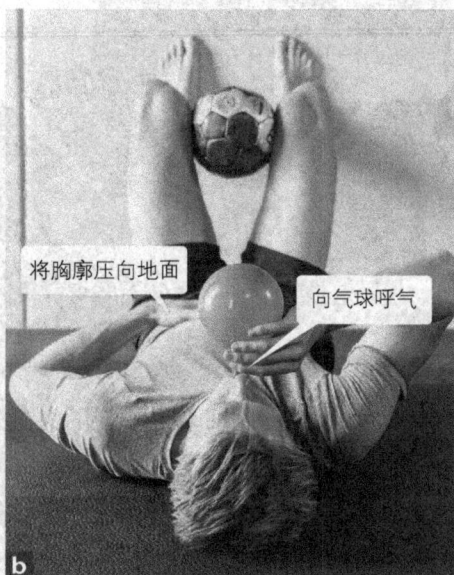

将臀部抬离地面以激活腘绳肌

通过鼻子深吸气并将气球放入嘴里

将胸廓压向地面

向气球呼气

站立呼吸

这个练习的目的是加强腹部肌肉并延长身体。这与胸廓扩张呼吸类似，不同之处在于你是站立进行练习。首先，双脚分开与髋部同宽站立。用你的惯用手拿着气球。通过鼻子深吸气，同时延长脊柱，轻微抬高头部和下巴（见图 a）。在吸气的最高点时，将肩胛骨向后缩，扩展上胸部，并在吸气结束时将气球放入嘴里。在将下巴朝胸部靠拢的同时，尽可能缓慢长时间地将气呼入气球，在呼气的同时挤压腹部肌肉（见图 b）。你应该感到胸廓被下拉。当呼吸完成时，你将处于中立位，肋骨正好位于髋部上方，气球被充满。完成两组，每组 10 次呼吸。

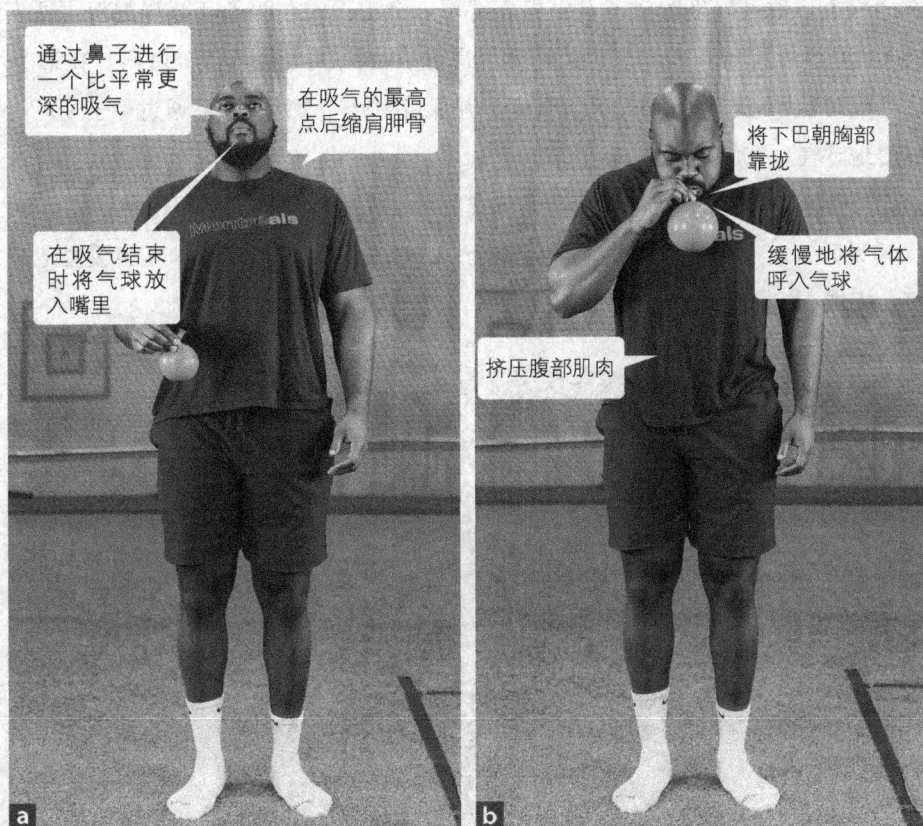

通过鼻子进行一个比平常更深的吸气

在吸气的最高点后缩肩胛骨

在吸气结束时将气球放入嘴里

将下巴朝胸部靠拢

缓慢地将气体呼入气球

挤压腹部肌肉

a

b

快肌激活呼吸

这些呼吸练习可以加强腹部肌肉，帮助你在呼吸较快时控制盆底肌。如果这些练习让你感到头晕或眩晕，可以停下来重新调整，通过鼻子呼吸，直到症状缓解。快速呼吸可以在之后带来能量和专注的感觉。

风箱呼吸

这个练习的目的是在吸气和呼气时尽可能快地进行。首先，舒适地盘腿坐在地板上。你可以坐在垫子上以提高臀部。将双手放在肋骨底部和侧面（见下图）。将舌头放在口腔上腭，通过鼻子进行 10 次尽可能快而深的呼吸。在第 11 次呼吸时，尽可能深地通过鼻子吸气，并保持 10 ~ 15 秒，然后通过鼻子尽可能缓慢地呼气。完成 3 组。

接下来，进行 30 次短促而有力的鼻呼吸，利用腹部肌肉挤压呼气。完成 30 次呼吸后，通过鼻子深吸气，保持 10 ~ 15 秒，然后通过鼻子尽可能缓慢地呼气。完成 3 组，每组 30 次呼气。

将舌头放在口腔上腭

将双手放在肋骨底部和侧面

火之呼吸

这个练习是昆达里尼（kundalini）瑜伽的呼吸形式，涉及被动吸气和积极呼气。在瑜伽中，这种呼吸练习的目的是释放身体细胞中的毒素和化学物质。你可以通过这个练习来扩展肺容量并加强腹部肌肉。在正常吸气过程中，推出腹部，然后在呼气时，积极地将肚脐朝脊柱内拉，并迅速将空气排出。

要进行这个练习，请盘腿坐在地板上，或坐在椅子上，双脚平放在地面上，身体挺直。双手放在肚脐上方。通过鼻子快速地连续吸气和呼气；吸气几乎是自然地通过鼻子进行的，而在迅速有力地通过鼻子呼气时会发出声音。在吸气时，将腹部推出，使其与你的双手紧密接触（见图 a）；而在呼气时，将腹部向脊柱内拉（见图 b）。完成两组，每组 50 次呼吸。

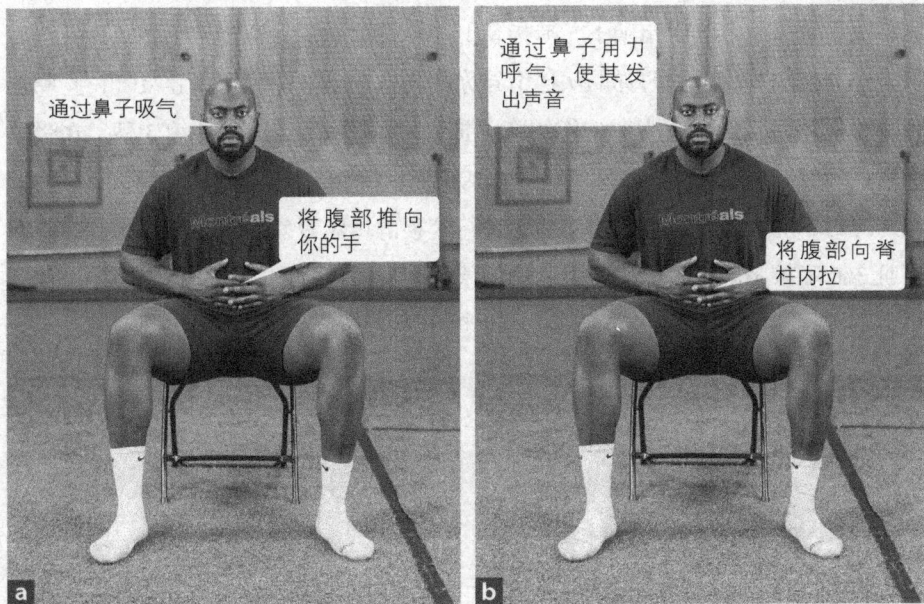

吹熄蜡烛呼吸

这个练习的目的是强化腹部肌肉，并控制呼气。盘腿坐在地板上，或者坐在椅子上，双脚平放在地面上，身体挺直。通过鼻子深吸一口气，同时伸展脊柱，然后通过缩起嘴唇的方式呼气，尽量将肺部所有空气排出。当感觉到所有的空气都从肺部排出时，收紧腹部肌肉，屏住呼吸一秒。屏住呼吸后，尝试通过嘴巴将更多的空气从肺部排出，就像吹灭蜡烛一样。完成两组，每组 5 次呼吸。

强化吸气肌肉的练习

以下练习旨在加强参与吸气的肌肉。吸气主要由横膈膜驱动，它将胸廓与腹腔分开。这些练习的目的是帮助你充分利用膈肌，同时在躯干周围做全方位运动。

合作推压呼吸

在这个练习中，当吸气时，你会感受到肋间肌和膈肌的张力。进行练习时，仰卧在地板上，双腿伸直，双臂伸直放在身体两侧。伙伴将双手放在你的躯干两侧，位于乳头下方，手指朝下，拇指朝上，托住胸廓。只通过鼻子呼吸，呼气时将大部分空气排出，同时你的伙伴引导你的胸廓向下。当你用鼻腔吸气，胸廓扩张时，伙伴轻轻施加压力对抗你的胸廓扩张（见图 a），吸气持续 5 秒。在吸气结束后停顿一秒；呼气时，伙伴轻轻推动以引导胸廓向下和向内（见图 b）。伙伴的压力不应太大，以至于不能让你进行 5 秒的鼻腔吸气。压力应足够，以便在膈肌 360 度扩张胸廓时产生阻力。你的伙伴来计时 5 秒的吸气和呼气。在伙伴的压力下进行呼气和吸气，完成一组，每组 10 次呼吸。

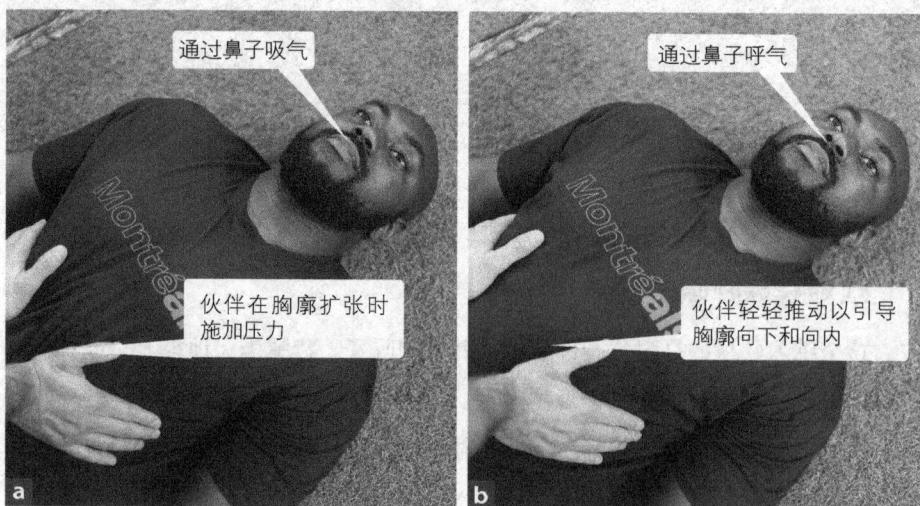

通过鼻子吸气

伙伴在胸廓扩张时施加压力

通过鼻子呼气

伙伴轻轻推动以引导胸廓向下和向内

带式压力呼吸

这个练习类似于合作推压呼吸，只是压力来自围绕躯干的弹力带。其目的与合作推压呼吸相同——在胸廓周围施加压力，使胸廓水平扩张并对抗张力。首先，盘腿坐在地板上，或坐在椅子上，双脚平放在地面上，或者双脚分开与髋部同宽站立。将一根弹力带环绕在肋骨下方，并用双手拉住弹力带的两端以制造张力。

进行这个练习时，先通过鼻子将肺部的大部分空气呼出，同时拉动弹力带的两端以保持张力，并引导肋骨向下并内收。接下来，通过鼻子进行深吸气，同时减轻弹力带的张力，将气体横向吸入（见图 a）。这种呼吸应使胸廓 360 度扩张，并充分利用膈肌。确保弹力带在吸气时与身体保持接触。想象一下，自己是一个饮料罐，从内部充满空气。在每次吸气结束时，屏息一秒。你应该感觉到胸廓 360 度扩张，就像饮料罐完全充满空气一样。

吸气结束后，通过鼻子呼气，同时轻轻拉动弹力带，引导肋骨向下和向内（见图 b）。完成完整的呼气后，停顿一秒，然后通过鼻子再深吸一口气，重复这个过程。吸气时，弹力带提供张力，使胸廓区域充满空气。完成一组，每组 10 次呼吸。

通过鼻子进行深吸气

将气体横向，使胸廓 360 度扩张

确保在吸气过程中弹力带与身体保持接触

通过鼻子呼气

轻轻拉动弹力带，引导肋骨向下和向内

胸廓活动感知呼吸

　　这个练习的目的是感受每次吸气和呼气时肋骨的运动，同时在胸廓周围产生张力，这将促使横向运动并全方位扩展膈肌。首先，坐在椅子上，背部挺直，双脚平放在地面上，或者站立，双脚分开与髋部同宽。用食指找到乳头位置，然后手指垂直向下移至胸廓底部。双手食指放在两侧胸廓底部，同时将拇指环绕到胸廓后方。食指和拇指应该紧贴胸廓。通过鼻子深吸气，持续 4 秒。在吸气结束时屏气一秒。通过鼻子呼气，持续 8 秒。感受胸廓在吸气时向外和向上移动（见图 a），在呼气时向下和向内移动（见图 b）。完成两组，每组 20 次呼吸。

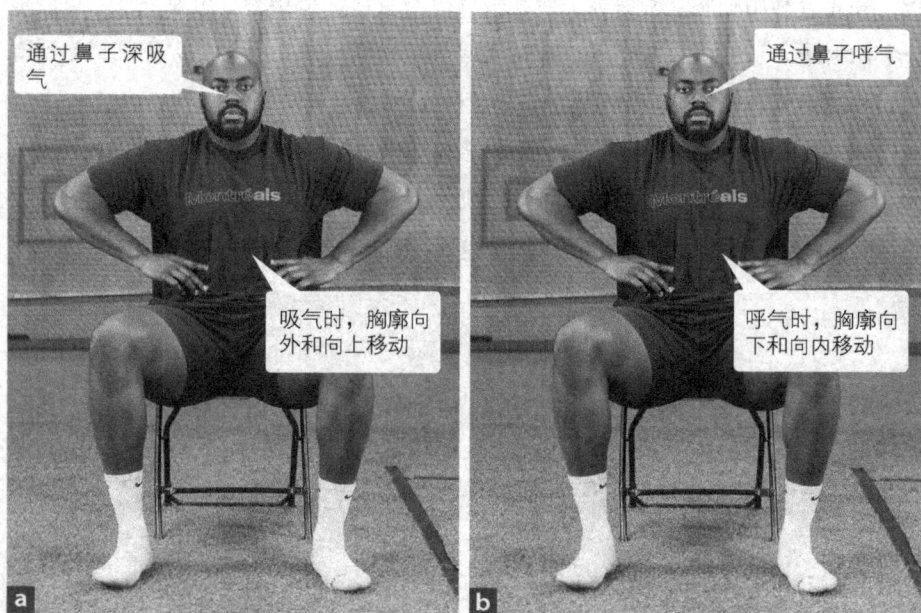

数息法

　　这个练习的目的是通过连续小幅度的吸气和暂停来逐渐扩张胸廓，每次暂停后，迫使你控制膈肌。首先，盘腿坐在地板上，或坐在椅子上，双脚平放在地面上，身体挺直。通过鼻子小幅度吸气并停顿，连续进行 5 次单独的吸气和暂停。每次吸气都会使胸廓稍微扩张。完成 5 次吸气后，以通过鼻子呼气结束本组练习，然后重复。完成两组，每组 5 次吸气。一旦你可以轻松完成 5 次单独的吸气，然后进行一次呼气，就增加吸气次数。

胸廓、脊柱、背部和盆底肌的练习

胸廓保护内脏器官，而脊柱持续接收有关你的呼吸模式和效率的信号。盆底肌与膈肌一起调节腹腔内部的压力，同时支撑脊柱。以下练习将加强身体的这些区域，同时通过为呼吸肌创造空间，使其能够自由扩张和运动，从而提高身体的活动能力和灵活性。

正确呼吸并利用这些练习来加强呼吸将帮助你在训练和比赛过程中避免不良的身体姿势。这些练习将在仰卧位下进行（仰卧面朝上）。这有助于保持健康的脊柱位置，更好地利用膈肌，并开始运用盆底肌。按照描述，尝试每种练习，找出最适合你的那个练习，并将其纳入你的训练中。

仰卧位呼吸练习

虽然仰卧位呼吸练习对于保持健康的胸廓和脊柱至关重要，但重点是膈肌和盆底呼吸肌。这些练习可以帮助你学会感受盆底运动，并促进深层次的膈肌呼吸。这些练习在 3 种不同姿势下进行，让你能够感受身体在不同姿势下的反应。在头部下放一条毛巾或一个小枕头以支撑脊柱并放松颈部。

仰卧呼吸

仰卧，双臂放在身体两侧。集中精力将胸廓向下压，使下背部贴地，保持健康的脊柱姿势（见下图）。肩膀放松，不要向头部抬起。保持脊柱中立，缓慢地通过鼻子吸气，吸气持续 6 秒，使胸廓向两侧、前方和后方扩张。胸廓前部在吸气时会扩张，同时感受胸廓后部向地面推。在吸气结束时，屏气 4 秒。然后缓慢地通过鼻子呼气 8 秒，同时将胸廓前部向下拉，保持中背部贴地并使腹部肌肉收紧。在呼气结束时，屏气 4 秒。重复这个过程 4 次。

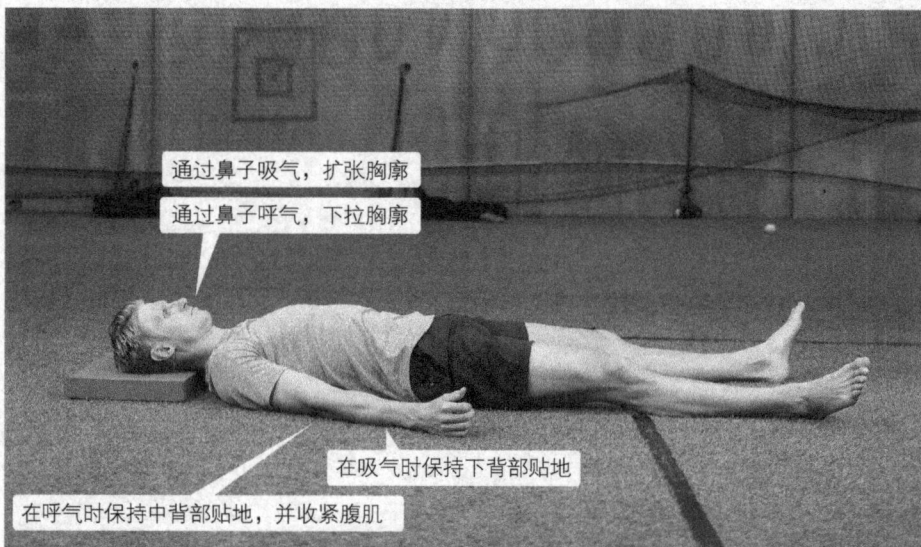

通过鼻子吸气，扩张胸廓

通过鼻子呼气，下拉胸廓

在吸气时保持下背部贴地

在呼气时保持中背部贴地，并收紧腹肌

钩状仰卧式呼吸

这是姿势康复学院（PRI）的呼吸技术。仰卧，屈膝，脚放在一个两英寸（约 5.1 厘米）高的盒子或垫子上。这个盒子可以帮助你后旋骨盆，使腰背部紧贴地面，在运动过程中可以激活腘绳肌和臀部肌肉，而不是腰部肌肉。将一根弹力带绕在膝盖上方。双臂放在身体两侧，肘部弯曲 90 度，双手在空中。首先，双膝并拢，通过鼻子吸气，同时打开双膝，双手向两侧移动，保持肘部不动。吸气持续时间与膝盖和手的移动时间一样长（见图 a）。通过缩起嘴唇缓慢呼气，同时将双膝和双手慢慢合拢。在呼气结束时，将骨盆稍微抬起，使尾骨稍微离开地面，同时保持背部平贴地面（见图 b）。目的是让胸廓底部更靠近髋部前方，并在每次呼吸时返回原来的位置。专注于在每次吸气时更多地扩张胸部，利用膈肌，保持颈部放松，实现胸廓 360 度扩张。放松，然后重复这个步骤 4 次，继续在降低双手和双膝的同时吸气，然后在双手和双膝合拢时呼气，并在呼气结束时倾斜骨盆。

通过鼻子吸气

在吸气时打开膝盖并将手移向外侧

胸廓在吸气时扩张 360 度

a

通过缩起嘴唇呼气

在呼气时将膝盖和手慢慢合拢

倾斜骨盆以便尾骨离开地面

b

仰卧 90-90 呼吸

仰卧，双脚放在椅子上，呈 90-90 角度的姿势（髋部和膝呈 90 度）。稍微抬起尾骨，使背部保持贴在地面上，并用脚跟牢固地踩在椅子上，以激活腘绳肌（见下图）。双膝之间夹一个软球、块状物或一条毛巾，以帮助你在练习过程中保持姿势。通过鼻子深吸气，持续 4 秒，使胸廓朝侧面、前方和后方扩张。在吸气结束时稍作停顿，然后通过嘴巴或鼻子呼气，持续 8 秒，将肋骨收回。呼气结束时再次稍作停顿。重复这个步骤 4 次。

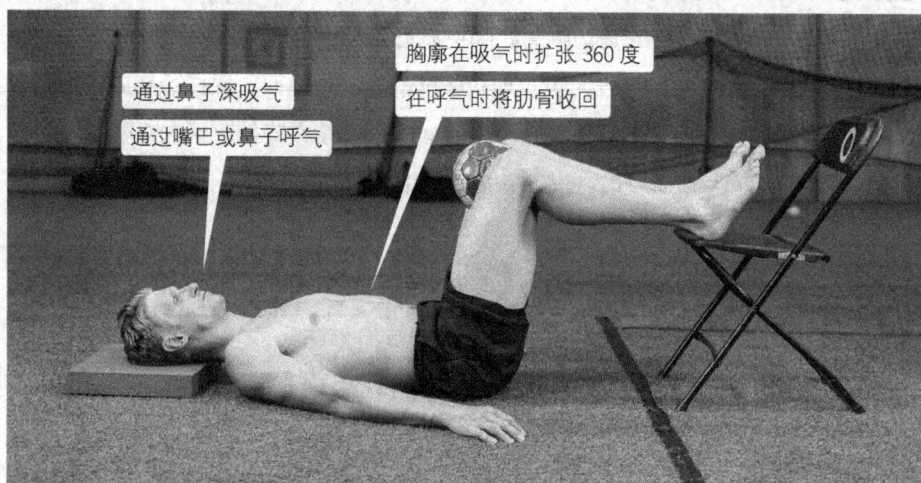

通过鼻子深吸气

通过嘴巴或鼻子呼气

胸廓在吸气时扩张 360 度

在呼气时将肋骨收回

肋间屈曲练习

这个练习的目的是拉伸肋间肌并延展胸廓。坐在椅子上，身体挺直，双脚平放在地面上，保持头部平衡，面朝前方，将一只手臂伸向头顶。这有助于维持脊柱挺直。通过鼻子进行比正常更深的吸气，同时将中指伸得更高（见图 a）。这可以拉伸肋间肌。在完成充分吸气后，屏住呼吸，身体稍微向抬起手臂的对侧倾斜（见图 b）。在倾斜身体的同时，使用中指引导肋间肌的拉伸。屏住呼吸并伸展至一侧后，通过鼻子呼气并放松肋间肌，将身体恢复到起始位置（见图 c）。每侧进行两组 5 次呼吸。

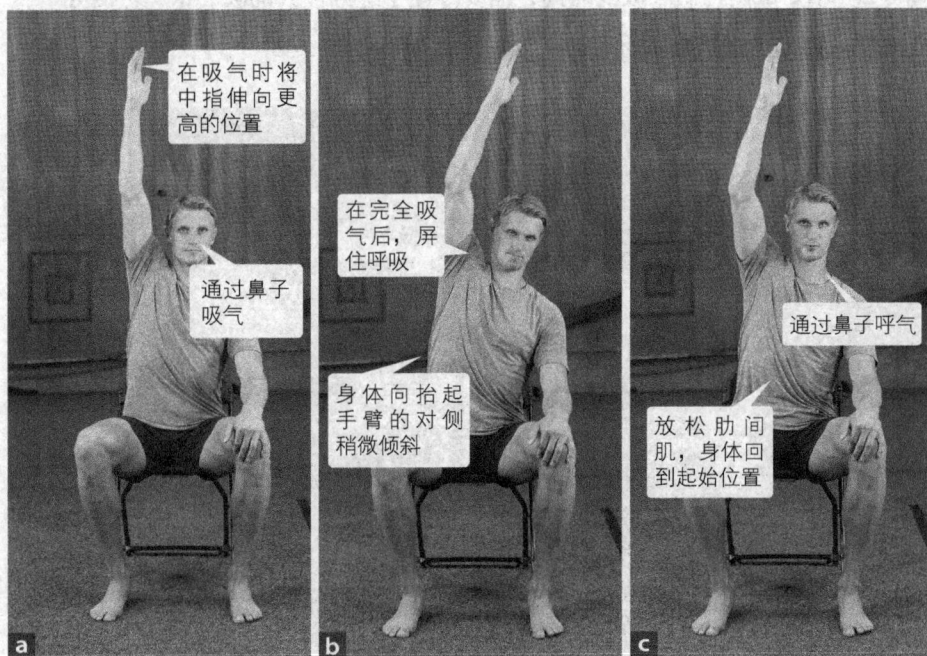

站立胸廓扩张

　　这个练习的目的与本章前面介绍的胸廓扩张呼吸相同。目的仍然是在吸气时扩张胸廓，使胸廓底部和髋骨顶部之间分离，然后在呼气时将胸廓重新回到髋骨上方，并利用腹部肌肉将空气排出体外。站立的姿势可以更好地延伸脊柱。

　　首先，双脚分开与肩同宽，脚尖朝前，双手放在髋部。通过鼻子深吸气，向后拉肘部，使肩胛骨后缩，打开胸廓（见图 a）。同时，随着胸廓开始扩张，延伸脊柱。当达到吸气的顶点时，略微抬起头和下巴。通过嘴巴缓慢呼气，将肘部带回起始位置，并让胸廓重新回到髋部上方，使用腹部肌肉将体内空气挤出（见图 b）。不要试图控制呼吸的时间，而要专注于达到最大的吸气量，然后呼气，直到你觉得你已经挤出了所有的空气。进行两组 5 次呼吸。

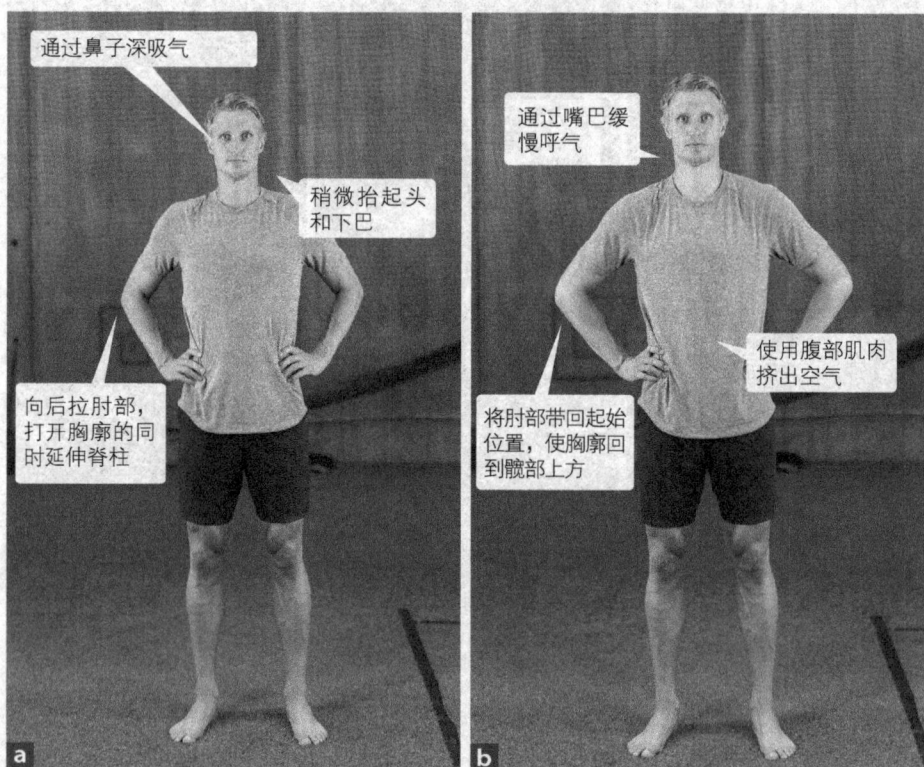

图 a：通过鼻子深吸气；稍微抬起头和下巴；向后拉肘部，打开胸廓的同时延伸脊柱

图 b：通过嘴巴缓慢呼气；使用腹部肌肉挤出空气；将肘部带回起始位置，使胸廓回到髋部上方

双手抱头胸廓扩张

　　这个练习的目的是扩张胸廓、延长脊柱并打开胸廓。盘腿坐在地板上，或者坐在椅子上，双脚平放在地面上，身体挺直。双手交叉放在头后，肘部向外伸展。通过鼻子深吸气，同时将肘部向后拉动，这将扩张胸廓并延长脊柱（见图 a）。你应该感觉自己的胸廓底部和髋骨之间产生了分离，胸廓前侧在扩张。当达到吸气的顶点时，屏住呼吸一秒。通过缩起嘴唇缓慢呼气，同时将肘部缓慢向前收回到身体前部，使身体向内弯曲（见图 b）。与此同时，在呼气时提拉盆底肌，将肚脐朝脊柱内拉。随着身体变得更小，肘部最终将接触胸骨前面。在呼气结束时，轻轻拉后脑勺，伸展颈部 1～2 秒。当呼气完全结束后，再次通过鼻子深吸气，同时将身体重新拉伸延长，肘部向后拉并扩张胸廓。进行两组 5 次呼吸。

通过鼻子深吸气

向后拉肘部，扩张胸廓并延长脊柱

通过缩起嘴唇缓慢呼气

将肘部慢慢收回，朝身体前部靠拢

身体向内弯曲，同时提拉盆底肌

猫-牛式呼吸法

　　这个练习通过匹配猫和牛两个姿势之间的运动，创造了呼吸的流动性。双手和双膝着地，肩膀在手腕上方，髋部在膝盖上方。第一个动作是瑜伽中的传统牛式。通过鼻子深吸气，使下背部弯曲，放低腹部，把肩膀向后卷起，并抬头仰望天空（见图 a）。下一个动作是传统的猫式。通过鼻子呼气，身体姿势反转，将背部向上弯曲，收紧腹部，同时向上推动胸廓，眼睛注视脐部（见图 b）。在吸气和呼气时重复这个动作。完成两组 10 次呼吸。

通过鼻子吸气

抬起头看向天空

放低腹部

看向脐部

通过鼻子呼气

收紧腹部，将胸廓向上推

死虫式呼吸

这个练习的目的是通过保持横向呼吸、360 度的胸廓扩张和全方位的膈肌运动，来强化核心肌群、提高稳定性，并减少下背部的压力。仰卧在地上，双臂伸直置于胸前，约与躯干垂直。屈髋和屈膝 90 度，将双脚抬离地面（见图 a）。收紧核心肌群，同时背部与地面始终保持接触。在整个练习过程中保持脊柱在这个位置。通过鼻子吸气，将右手臂伸向头部后方，并朝地面方向延伸，同时伸展左膝和左髋，将左腿伸向地面（见图 b）。左手臂和右腿保持不动。在手臂和脚触及地面之前停止动作。通过鼻子呼气，反转运动，右手臂和左腿回到起始位置（见图 c）。每侧进行两组 20 次呼吸（共 40 次）。

收紧核心

背部与地面保持接触

通过鼻子吸气

将右手臂伸向头部后方，同时将左腿伸向地面

通过鼻子呼气

右手臂和左腿收回到起始位置

儿童式呼吸

　　这个练习的一个好处是可以拉伸脊柱、大腿、髋部和脚踝，促进放松。另一个好处是可以呼吸到背部的肋骨，这可能有些困难。跪下，双膝分开与髋部同宽，将臀部坐在脚跟上，低头触地并将双臂伸展到传统的瑜伽儿童式姿势。如果这让你的膝盖感到不适，可以将它们分开一些，或在臀部下放一个枕头或垫子（见下图）。如果你的额头无法触地，也可以将头部放在枕头或垫子上。通过鼻子深吸气，使腹部充满空气，感受腹部向大腿推压，并通过腰部和背部扩张。然后通过鼻子呼气，将空气自然呼出。在这个姿势中你应该感到放松。保持这个姿势并进行呼吸 30 ～ 60 秒。

通过鼻子自然呼气　　感受在鼻子吸气时腹部推向大腿

坐姿脊柱扭转呼吸法

这个练习的目的是让脊柱扭转，以促进腹式呼吸，从而将体内的旧空气挤出。在脊柱扭转过程中的主要提示是深呼吸到腹部。通过扭转脊柱和深呼吸，你应该能感到下背部、髋部和腹股沟的放松。可以盘腿坐在地上，或者坐在椅子上，双脚平放在地面上，挺直身体。通过鼻子深吸气，将左手伸向右膝外侧，右臂伸到背后或椅子背部（见下图）。在完成吸气并保持这个姿势的同时，通过用嘴巴呼气，轻轻地加深脊柱扭转。在呼气后继续保持这个姿势，进行 3 次更深的吸气和呼气，并加深脊柱的扭转。你应该能感到脊柱周围和膈肌中存在一些张力。如果感到疼痛，应立即停止练习。在两侧各完成一个完整循环。

通过鼻子深吸气并扭转脊柱

通过嘴巴呼气，
深入扭转脊柱

侧平板呼吸

　　侧平板提供了各种好处：它强化了核心肌群，提升了平衡能力，并降低了背部受伤的风险。保持侧平板的姿势并进行专注的呼吸，有助于学习如何保护脊柱。利用侧平板不仅可以增加力量，还可以学会如何进行横向呼吸，同时在保持侧平板的同时实现胸廓 360 度的扩张。侧卧于右侧，双腿伸直，上腿位于下腿前方以保持稳定。将右手肘放置在右肩下，前臂指向身体外侧，握拳，小指侧应与地面接触。另一侧上臂可以高举，也可以手肘弯曲，手掌放在髋部以保持平衡。头部和颈部应保持中立。抬起臀部使身体离开地面，同时保持从脚踝到头顶呈一条直线（见下图）。通过鼻子自然地呼吸，同时收紧核心肌群。每侧保持 30 ～ 60 秒。

通过鼻子自然地吸气和呼气

专注于使胸廓 360 度扩张

鳄鱼式呼吸

　　这个练习的目的是练习膈肌呼吸。当俯卧时，你将利用吸气将腹部压向地面，从而迫使膈肌扩张背部的肋骨。这个练习还有助于你消除浅表呼吸。俯卧在地板上，额头放在双手上（见下图）。通过鼻子吸气和呼气，利用腹部呼吸，将气息送到地面，这样你会感觉到背部被抬起。地板限制了呼吸过程中腹部移动的方向，迫使膈肌扩张到下背部。专注于缓慢、有控制地进行 4～6 秒的吸气，并在吸气后暂停片刻。在停顿后，感觉肚脐慢慢靠近脊柱时缓慢呼气。呼气的时间应至少与吸气一样长，但应尽量让呼气比吸气多持续一两秒的时间。进行两组，每组进行 10 次呼吸。

通过鼻子吸气和呼气

利用腹部呼吸，将气息送入地面，感受背部的抬升

稳定球背部呼吸

这个练习可以帮助你学会如何正确地进行背部横向、360 度的呼吸。利用稳定球的压力来扩张胸廓后部。面朝下趴在一个稳定球上，用前臂撑在地板上（见下图）。如果使用较小的稳定球，可以跪在地上。如果使用较大的稳定球，你的腿可以伸直，脚尖踩在地上，如下图所示。保持髋部在球上，这样你就不能拱起背部。通过鼻子吸气，试着将空气引导到后背。球的压力应该会帮助你感觉到背部的肋骨在扩张。想象在吸气时，先是上肋，然后是中肋，最后是下肋。当你吸气时，想象每根肋骨上下都有空间。当完成一个完整的吸气后，暂停片刻，然后通过缩起嘴唇呼气。尝试至少吸气 4 秒，呼气 4～6 秒。完成两组 5 次呼吸。

通过鼻子吸气，利用球的压力将空气引导到背部

通过缩起嘴唇呼气

深蹲呼吸

　　此练习的目的是在一种自然的姿势中呼吸，促进横向呼吸和 360 度扩张，同时打开髋部和腹股沟。首先，以深蹲的姿势靠在墙上。你应该能保持脚跟着地，膝盖分开略比肩宽。将双臂置于膝盖内侧，用肘部对抗膝盖。如果无法保持深蹲姿势，就无法进行这个练习。一旦进入深蹲姿势，躯干向前倾，让腹部靠在大腿前侧，上背部、颈部和头部不再靠在墙上。通过鼻子深吸气，将气息引入腹部，感觉腹部被推到大腿顶部（见图 a）。在达到吸气顶峰时，稍作停顿，然后通过缩起嘴唇呼气，使腹部朝脊柱收缩（见图 b）。完成两组 5 次呼吸。

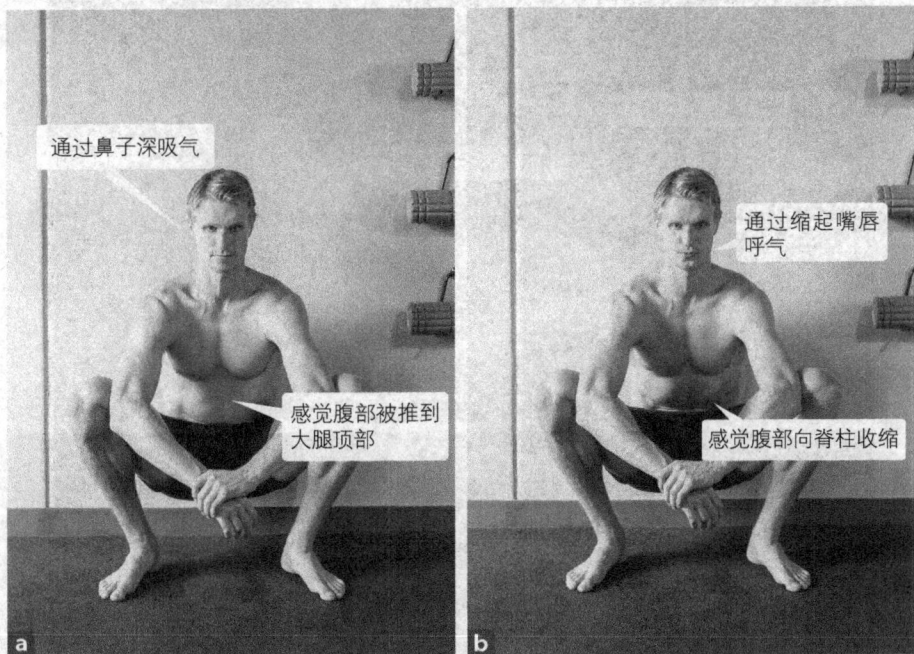

通过鼻子深吸气

感觉腹部被推到大腿顶部

通过缩起嘴唇呼气

感觉腹部向脊柱收缩

仰卧盆底肌呼吸

这个练习的目的是加强盆底肌。仰卧，屈膝，脚掌着地。使骨盆倾斜，背部平贴地面，想象有人的手掌放在你的腰部曲线下。通过鼻子自然吸气，同时稍微将骨盆向前倾斜（见图 a），然后通过鼻子轻轻呼气，同时将下背部向地面推压，就像你在推压那只放在你腰下的手一样（见图 b）。你不应该感觉到腿部肌肉在做任何动作。所有的动作都应该由骨盆和下腹部核心肌群完成。完成两组，每组 10 次呼吸。

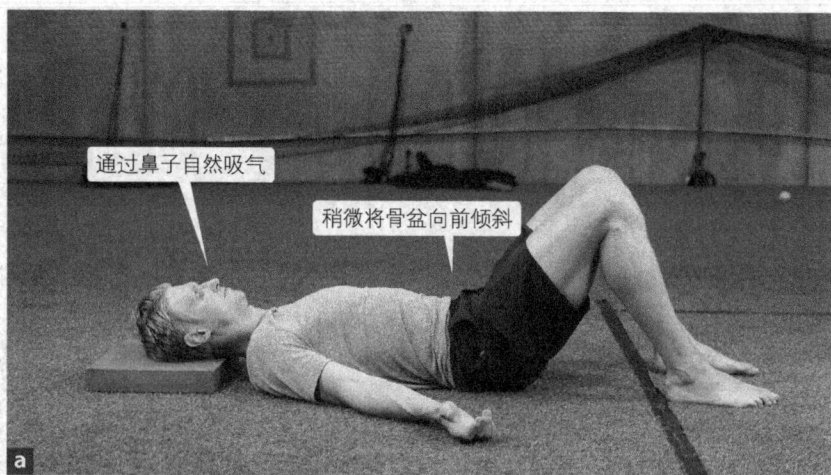

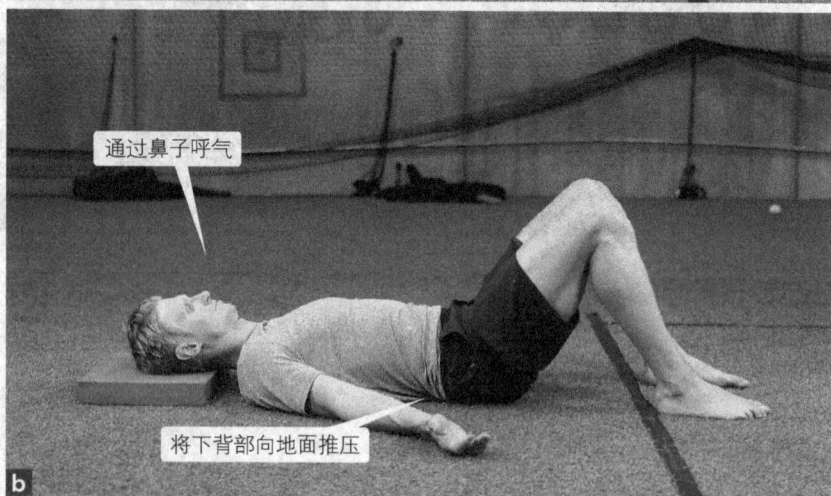

通过鼻子自然吸气

稍微将骨盆向前倾斜

通过鼻子呼气

将下背部向地面推压

90-90 仰卧盆底肌呼吸

　　这个练习的目的是加强盆底肌。在进行呼吸练习时，请记住，要轻柔地呼吸。仰卧，双脚放在坚固的椅子上，轻轻将脚跟压在椅子上。将骨盆后倾，使后背平贴地面，并想象有人的手掌放在你的腰部曲线下。通过鼻子自然吸气，同时稍微将骨盆向前倾斜（见图 a），然后通过鼻子轻轻呼气，同时将下背部向地面推压，就像你在推压那只放在你腰下的手一样（见图 b）。你不应该感觉到腿部肌肉在做任何动作。所有的动作都应该由骨盆和下腹部核心肌群完成。完成两组，每组 10 次呼吸。

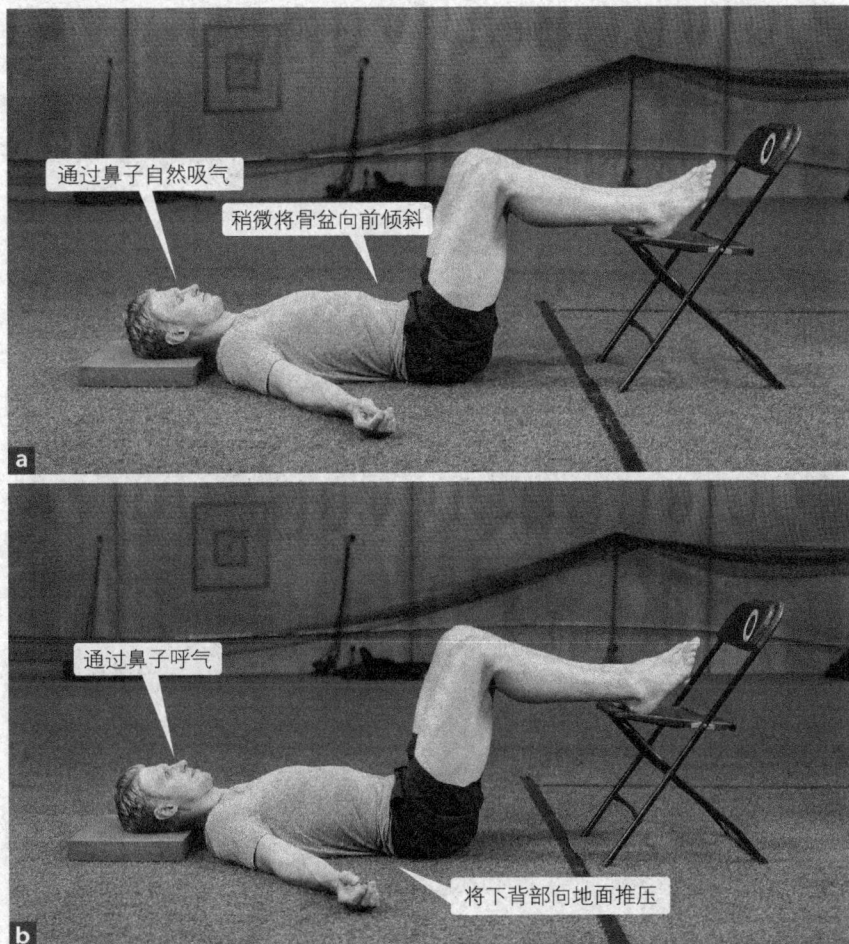

通过鼻子自然吸气

稍微将骨盆向前倾斜

a

通过鼻子呼气

将下背部向地面推压

b

90-90 膝间夹球结合盆底肌呼吸

　　这个练习的目的是在保持脊柱中立控制的同时加强盆底肌。将一个轻质的球，比如足球或排球，夹在两膝之间，双膝间距与髋部同宽。仰卧，抬起双腿，屈髋屈膝 90 度。在这个姿势下，你没有椅子来稳定双脚。双脚保持离地悬空，将骨盆后倾，使背部平贴地面，并想象有人的手掌放在你的腰部曲线下。双膝夹紧球体的同时，通过鼻子自然吸气，同时稍微将骨盆向前倾斜（见图 a），然后温和地通过鼻子呼气，同时将下背部向地面推压，就像你在推压那只放在你腰下的手一样（见图 b）。尽量让腿部肌肉保持放松；然而，在这种双脚离地的练习中，你可能会感到臀肌和腘绳肌被激活。继续专注于骨盆的运动，并感受下腹部核心肌肉的收缩。完成两组，每组 10 次呼吸。

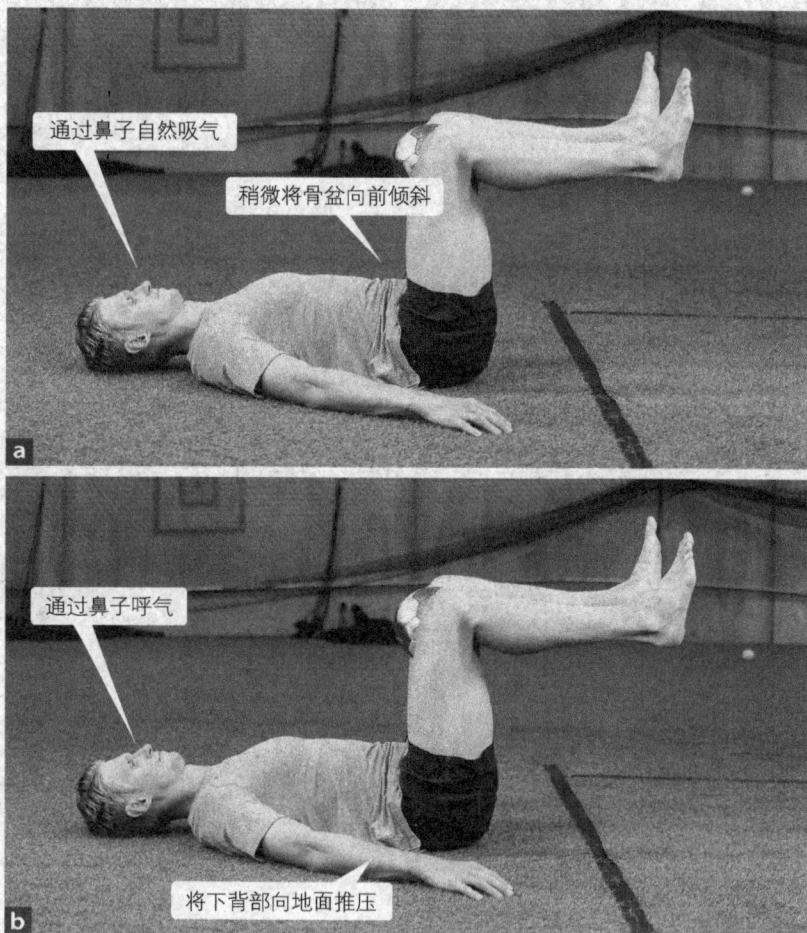

通过鼻子自然吸气

稍微将骨盆向前倾斜

a

通过鼻子呼气

将下背部向地面推压

b

弓步盆底肌呼吸

　　这个练习的目的是加强盆底肌，同时激活臀部肌肉。首先，呈静态的弓步姿势，后膝着地，前膝正对前脚踝上方。保持上半身挺直，核心肌群绷紧，保持这个姿势。通过鼻子自然吸气，同时轻轻将骨盆后倾（见图 a）。动作幅度不应过大，以免牵涉到下背部。这应该是一个轻柔的动作。通过鼻子或嘴巴呼气，时间是吸气时间的两倍，同时挤压臀部肌肉并激活盆底肌（见图 b）。这会让你感觉髋部屈肌像是正在被拉伸，腿部变得紧实。在呼气后暂停 1 ～ 2 秒，然后再次吸气。每侧进行两组，每组 8 次。

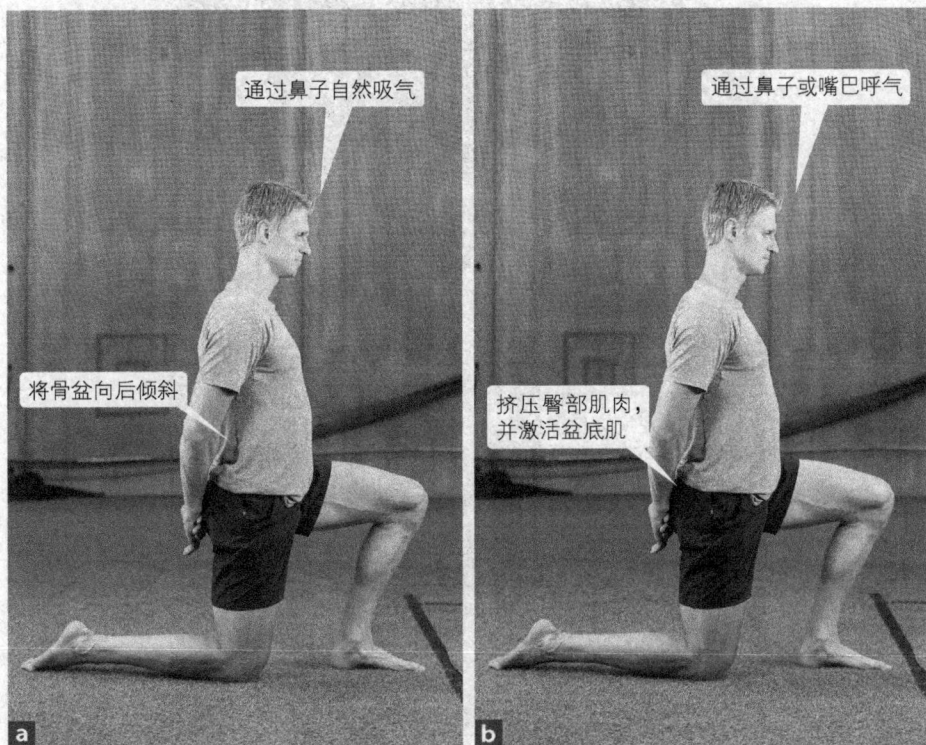

通过鼻子自然吸气

将骨盆向后倾斜

a

通过鼻子或嘴巴呼气

挤压臀部肌肉，并激活盆底肌

b

猴式悬挂盆底肌呼吸

这个练习的目的是在悬挂于引体向上横杆上的同时加强盆底肌。这需要良好的抓握力和身体控制来保持脊柱中立。用手掌朝身体外侧悬挂于引体向上的横杆上（见下图）。通过鼻子自然吸气，让脊柱伸展。通过鼻子呼气，同时将肋骨下拉，激活盆底肌来帮助呼气。呼气至感觉把所有的气都已呼出。盆底肌应控制脊柱，使身体不摇摆，保持脊柱中立。完成两组，每组进行 5 次。在完成后保持正常呼吸。

通过鼻子自然吸气，伸展脊柱

通过鼻子呼气，下拉肋骨，激活盆底肌

自然运动呼吸

这个练习会挑战你将本章所学的技能和力量付诸实践。这个运动需要适当的呼吸和匹配呼吸的节奏与运动的能力。这将提供身体和心理上的挑战。在从地板上起身的过程中，专注于保持膈肌的横向运动和 360 度的扩张。在这个练习中，不能使用双手，因此需要通过正确呼吸来保护脊柱并保持髋部的灵活性。

在此练习中，你需要在不使用双手的情况下从地板上起身并回到地板上，可以采用任何你认为合适的动作，但动作之间不能有延迟。从盘腿坐姿开始，双手轻轻放在脚上（见图 a）。从这个姿势开始，做出你认为自然的动作，让自己从地板上站起来，但不能使用双手（见图 b ~ c）。开始动作时通过鼻子吸气，站立结束时通过鼻子呼气（见图 d）。当你回到地板上时吸气，当回到盘腿坐姿时呼气。在整个动作过程中，呼吸都应完全通过鼻子进行。完成 10 次，然后反向呼吸，再完成 10 次。

　　在这些呼吸练习中，你的主要重点是利用呼吸肌的运动使胸廓 360 度地扩张。任何能够移动胸廓并扩大肺容积的练习都是有益的。除了扩张胸廓，你还应该能够运用腹部肌肉和盆底肌完成呼气。通过加强这些肌肉，你会发现在训练和比赛中呼吸变得更加轻松。这将帮助你避免过度呼吸、使用辅助肌肉和疲劳。当你呼吸时，你应该感到呼吸与身体间有着自然的节奏和流畅感。随着呼吸肌变得更强壮，这种流畅性将会在无意识中发生。

第 8 章
恢复、放松和情绪调节练习

在体育表现领域，关于我们是应该专注于高水平表现还是应该预防受伤的争论从未停止。多年来，尤其是近几十年，我们见证了令人难以置信的运动成就。我们跑得更快、跳得更高，同时我们也变得更高大和更强壮。但与此同时，受伤、焦虑和压力也随之而来。这促使我们需要平衡我们的关注点。如果我们把注意力转向变得更大、更强壮、更快，我们就更有可能受伤。在努力保持平衡的同时，我们需要努力训练，甚至更加努力地恢复。

如今，我们可以获得基于数据和科学的最先进的训练环境。我们可以获取到之前一代人无法获得的信息和追踪设备。我们从受伤和手术中恢复的速度已经挽救了许多职业生涯。科学家、教练和运动员正在寻找改善我们的睡眠、饮食、训练和策略的方法。呼吸是推动提升运动潜力的下一个方向。呼吸是弥合高水平表现和高水平恢复之间鸿沟的方法。

以下是一些恢复呼吸练习的描述和使用指南。恢复过程的目标是减缓呼吸，这会触发副交感神经系统将氧气输送到肌肉，并在训练和比赛前、中和后重置神经系统。理清思绪、打开意识空间的能力同样也需要练习。找到符合你需求的恢复呼吸练习将是一种自我发现的路径。

放慢呼吸练习

在训练或比赛中，当你的身体感到疲劳或思绪变得不稳定时，你常常会发现自己的呼吸变得急促。在这些情况下，你必须了解减缓呼吸的重要性，通过延长呼气时间来进入副交感神经状态和适当的呼吸模式。通过延长呼气，让空气充分排出体外，你将准备好进行舒适的吸气，从而使胸廓 360 度扩张。如果你的呼吸机制良好，你就能成功降低呼吸频率，从而使身心都平静下来。

我们的目标是在进入恢复状态时实现平静的鼻呼吸。当呼吸急促并通过口呼吸时，你很可能正在进行激烈的比赛或训练。以下是在压力下调节呼吸的示例。首先，集中注意力控制并觉察你的呼吸。一旦你感觉到能够控制自己的呼吸，就通过鼻子吸气，然后自然停顿。当心率开始放缓，感觉呼吸不那么紧张时，尝试完全通过鼻子呼吸，并专注于保持呼吸节奏。如果你仍然感觉心率过高，通过鼻子呼吸感到有压力，可以继续在吸气和呼气时使用口呼吸，直到身体和呼吸足够平静，可以支持完全的鼻呼吸为止。

以下是一个逐步减缓呼吸频率并平静身体系统的步骤，可用于在比赛或训练结束后立即进入恢复状态。

1. 坐在椅子上或盘腿坐在地上，背部挺直。如果你感觉躺下更舒适，可以仰卧，双臂伸直放在身体两侧，或者一只手放在腹部，另一只手放在胸前。屈膝，双脚平放在地上。

2. 通过嘴巴进行吸气和呼气，吸气后短暂停顿，然后进行延长呼气（5～9组）。

3. 通过鼻子吸气，短暂停顿，然后通过嘴巴进行延长呼气（5～7组）。

4. 通过鼻子吸气，短暂停顿，然后通过鼻子呼气（3～5组）。你可以按照这个有节奏的呼吸速度计数，或者自然感受呼吸。尝试保持每次吸气 3 秒，自然停顿，然后呼气 3 秒。

如果你的心率不是太高，而且你的注意力集中在呼吸上，希望达到正念和宁静的状态，你可以跳过之前的练习，使用以下方法来减缓思绪和放松身体。

1. 坐在椅子上或盘腿坐在地板上，背部挺直。如果你感觉躺下更舒适，可以仰卧，双臂伸直放在身体两侧，或者一只手放在腹部，另一只手放在胸前。屈膝，双脚平放在地上。

2. 将所有注意力集中在呼吸上，通过嘴巴呼出所有的空气，并发出"呼"的声音。

3. 接着通过鼻子缓慢、有控制地吸气。在吸气到顶峰时稍作停顿，然后用鼻子自然、平稳地呼出空气。

4. 重复练习 3 ~ 5 分钟。

EPOC 呼吸法

运动后过量氧耗（EPOC）呼吸法是一系列用于调节恢复时呼吸的方案。在训练期间，你可能在每组之间或比赛休息时只有 1 ～ 3 分钟的时间来调节呼吸。在这个时间段，可以使用 3 种不同强度的 EPOC 呼吸法。选择哪个方案取决于你运动的强度。可以从以下 3 种姿势中选择一种开始：站立，脊柱挺直；坐在椅子上，双脚平放在地上；或仰卧于地面，双臂伸直放在身体两侧，掌心朝上。

高强度

在高强度工作时使用此方案。大约需要 3 分钟来恢复。

1. 通过嘴巴吸气，也通过嘴巴呼气，持续 60 秒。在每次吸气和呼气后稍作停顿。

2. 通过鼻子吸气，再通过嘴巴呼气，持续 60 秒。在每次吸气和呼气后稍作停顿。

3. 通过鼻子吸气，也通过鼻子呼气，持续 60 秒。在每次吸气和呼气后稍作停顿。

4. 最后进行 3 次呼吸：通过鼻子深吸气持续 4 秒，稍作停顿，然后通过鼻子缓慢持续呼气 7 秒。

中等强度

在中等强度工作时使用此方案。大约需要两分钟来恢复。

1. 通过鼻子吸气，也通过嘴巴呼气，持续 60 秒。在每次吸气和呼气后稍作停顿。

2. 通过鼻子吸气，也通过鼻子呼气，持续 60 秒。在每次吸气和呼气后稍作停顿。

3. 最后进行 3 次呼吸：通过鼻子深吸气持续 4 秒，稍作停顿，然后通过鼻子缓慢持续呼气 7 秒。

低强度

在低强度工作时使用此方案。大约需要 1 分钟来恢复。

1. 通过鼻子吸气，也通过鼻子呼气，持续 60 秒。在每次吸气和呼气后稍作停顿。

2. 最后进行 3 次呼吸：通过鼻子深吸气持续 4 秒，稍作停顿，然后通过鼻子缓慢持续呼气 7 秒。

EPOC 是一个概念，它可以帮助你认识到，即使在训练或比赛结束后，你的身体仍在运转。通过运用呼吸来放慢训练或比赛后的步调，你可以加快恢复过程。在训练或比赛后，请花 10 ～ 30 分钟来调节你的呼吸。本章中的恢复练习应立即在训练或比赛后进行。随着时间的推移，你会逐渐了解哪种练习对你最有效。你的目标是将身体系统恢复到中性状态并更快地适应。

连贯呼吸

连贯呼吸是一种缓慢、均匀的鼻呼吸，每次吸气和呼气持续时间相同，通常每个呼吸阶段为 5 秒。以每分钟 6 次的频率进行呼吸，有利于产生积极的心理和生理反应。长时间的过度呼吸，也就是高频率的呼吸，会导致慢性交感神经系统活动。通过延长呼吸周期并创建协调的呼吸模式，你可以缓解与交感神经活动相关的感受。通过减缓呼吸频率，你可以平衡神经系统。连贯呼吸是一种你可以随时随地进行的正念练习，它可以与本章中的呼吸练习互相辅助。你可以在任何练习之前或之后进行连贯的呼吸，让自己保持中性状态。首先专注于连贯呼吸，你不仅会注意到自己的呼吸，还能够意识到自己的身体。在进行呼吸练习前后都将自己置于中性状态，有助于培养心理和身体上的空间。可以从以下任一姿势开始：站直、坐在椅子上，双脚平放在地面上；或盘腿坐在地板上；或者仰卧在地板上。首先，通过用嘴巴呼气将肺部空气排出。然后通过鼻子缓慢吸气 5 秒，吸气后稍作停顿；再通过鼻子呼气 5 秒，呼气后稍作停顿。重复练习 10 分钟。

节奏呼吸

　　节奏呼吸就像连贯呼吸一样，目的是在呼吸中创造一致的流动和节奏。吸气和呼气的持续时间相同，在两者之后都有自然停顿。这个练习可以在早晨、训练或比赛前，或者晚上进行。这个练习可以每天进行，甚至一天进行多次。

　　首先，坐在椅子上，身体挺直，双脚平放在地面上，或者盘腿坐在地板上。双臂自然放在身体两侧，掌心朝上，放在大腿上。如果这样使你感到不舒服，手掌可以不朝上。这个手臂姿势将肩胛骨往后拉，有助于扩张胸廓。保持挺直的姿势，避免将肩膀向前耸起。扰乱脊柱中立或抑制膈肌运动的姿势会对呼吸产生负面影响。下颌应该放松，舌头靠近上腭牙齿的后面。

　　在进行以下的步骤 3 和 4 之前，确保你能够完成步骤 1 和 2。在增加时间之前，你应该能够至少保持前两个步骤 10 分钟而不会感到有压力。节奏越慢，你吸气的次数就越少。慢节奏呼吸的目标是减少你每分钟的呼吸次数。这些步骤应该能够带来平静和放松的感觉。

1. 通过鼻子吸气 3 秒，停顿，通过鼻子呼气 3 秒，然后稍作停顿。
2. 通过鼻子吸气 5 秒，停顿，通过鼻子呼气 5 秒，然后稍作停顿。
3. 通过鼻子吸气 7 秒，停顿，通过鼻子呼气 7 秒，然后稍作停顿。
4. 通过鼻子吸气 10 秒，停顿，通过鼻子呼气 10 秒，然后稍作停顿。

节奏呼吸结合屏气

节奏呼吸结合屏气与连贯呼吸、节奏呼吸类似，目的是在呼吸中创建一致的流动和节奏，同时专注于用膈肌控制呼气。吸气和呼气的持续时间相同，但在吸气后不会停顿，而是保持相同的时间。这个练习可以降低呼吸的频率，并迫使你用腹部肌肉控制呼气。你可以每天进行这个练习，甚至一天进行多次。

首先，坐在椅子上，身体挺直，双脚平放在地面上，或者盘腿坐在地板上。双臂自然放在身体两侧，掌心朝上，放在大腿上。下颌放松，舌头靠近上腭牙齿的后面。

在进行步骤 3 和 4 之前，确保你能够完成步骤 1 和 2。在增加时间之前，你应该能够至少保持前两个步骤 10 分钟而不会感到压力。节奏越慢，你吸气的次数就越少。带屏气的慢节奏呼吸的目标是降低每分钟的呼吸次数。这些步骤应该能够带来平静和放松的感觉。

1. 通过鼻子吸气 3 秒，屏气 3 秒，然后通过鼻子呼气 3 秒。在呼气后稍作停顿。

2. 通过鼻子吸气 5 秒，屏气 5 秒，然后通过鼻子呼气 5 秒。在呼气后稍作停顿。

3. 通过鼻子吸气 7 秒，屏气 7 秒，然后通过鼻子呼气 7 秒。在呼气后稍作停顿。

4. 通过鼻子吸气 10 秒，屏气 10 秒，然后通过鼻子呼气 10 秒。在呼气后稍作停顿。

4-7-8 呼吸法

4-7-8 呼吸法是由整合式健康领域的先驱安德鲁·韦尔（Andrew Weil）博士开发的。4-7-8 呼吸法也被称为放松呼吸法，是一种简单有效的减压方法。这种呼吸法的目标是控制呼吸。定期练习这种呼吸法有助于人们更快地入睡。你可以在任何时候进行这个练习，在训练或比赛的间歇时，它可以帮助你放松和减轻焦虑，或是在比赛或训练后促进恢复。

首先，坐在椅子上，身体挺直，双脚平放在地面上，或者盘腿坐在地上。双臂自然放在身体两侧，掌心朝上，放在大腿上。下颌放松，舌头靠近上腭牙齿的后面。进行练习时，通过张嘴，发出"呼"的声音，将空气完全呼出。然后闭上嘴巴，通过鼻子安静地吸气，持续 4 秒。随着鼻腔吸气后屏气 7 秒，然后通过张嘴发出"呼"的声音，将气体完全呼出，持续 8 秒。这被视为一个呼吸周期。重复进行 3 个循环，总共完成 4 次呼吸。

盒式呼吸法

盒式呼吸法也被称为正方形呼吸法，是一种降低呼吸次数的练习。首先通过嘴巴呼出所有空气。吸气，然后屏住呼吸；呼气，然后再屏住呼吸。吸气和屏气的持续时间相同。例如，如果吸气持续 4 秒，屏气和呼气的时间也将持续 4 秒。你可以在任何时间进行这个练习，在训练或比赛的间歇时，它可以帮助你放松和减轻焦虑，或是在比赛或训练后促进恢复。

首先，坐在椅子上，身体挺直，双脚平放在地面上，或者盘腿坐在地板上。双臂自然放在身体两侧，掌心朝上，放在大腿上。下颌放松，舌头靠近上腭牙齿的后面。通过鼻腔吸气 4 秒，然后屏气 4 秒。通过鼻腔呼气 4 秒，然后再屏气 4 秒。最多重复 6 个循环。这不应该给你带来压力，因此可以根据你的感觉调整时间和循环次数。当 4 秒的循环变得容易后，逐渐增加到 6 秒、8 秒，然后到 10 秒。

4-4-6-2 呼吸法

这个练习的重点是减缓呼吸频率。呼气时间比吸气时间长，可以激活副交感神经系统，而屏气可以减缓呼吸频率。这种呼吸练习与盒式呼吸法类似，不同之处在于时间不同。由于呼气后的屏气时间较短，因此这个练习应该会感觉比盒式呼吸法稍微容易一些。此练习可以削弱恐惧、愤怒和冲动的情绪。你可以在任何时候进行这个练习，在训练或比赛的间歇时，它可以放松和减轻焦虑，或者在比赛或训练后促进恢复。

首先，坐在椅子上，身体挺直，双脚平放在地面上，或者盘腿坐在地板上。双臂自然放在身体两侧，掌心朝上，放在大腿上。下颌放松，舌头靠近上腭牙齿的后面。通过鼻腔进行 4 秒的吸气，然后屏气 4 秒。通过鼻腔呼气 6 秒，然后再屏气 2 秒。重复进行 4 ～ 6 个循环。

缩唇呼吸法

这个练习侧重于呼气。通过缩起嘴唇呼气来激活腹部肌肉，使呼气时间更容易延长。这种技术有助于保持气道通畅，以便你能够迅速排出肺部的空气。通过缩唇呼吸法，你可以减缓急促的呼吸，并平复情绪。你可以在训练或比赛前进行这个练习，它不仅可以激活呼气肌肉，还可以让神经系统镇静。你也可以在训练或比赛期间用它来恢复或控制情绪，以及在训练或比赛后用它来促进恢复。你还可以在睡前进行练习。

首先，坐在椅子上，双脚平放在地面上，或者盘腿坐在地板上。双臂自然放在身体两侧，掌心朝上，放在大腿上。下颌放松，舌头靠近上腭牙齿的后面。通过鼻腔吸气 4 秒，然后短暂停顿。像吹吸管一样收紧嘴唇，用嘴吹气，持续进行 8 ～ 12 秒的呼气。在训练或比赛期间使用时最多重复 5 次呼吸，然后在训练或比赛后进行 3 ～ 5 分钟的练习，以进行恢复。

身体扫描

　　身体扫描的目的是在当下创造全身意识，并让心灵和身体平静。当你感到情绪失控时，这个练习可能会对你有所帮助。你可以在训练前或训练后进行这个练习。也可以在早晨使用这种练习方式开始你一天的冥想练习。

　　从以下任一姿势开始：挺直站立，保持脊柱中立；仰卧在地面上；或坐在椅子上，双脚平放地面；或者盘腿坐在地上。通过嘴巴吹出肺内所有的空气，然后通过鼻子进行正常的吸气，之后短暂停顿。然后再通过鼻子进行正常的呼吸。进行 5 ～ 6 次这样的呼吸，以放松身体和引导缓慢的呼吸节奏。

　　当身体感到平静时，通过想象一盏聚光灯照射着自己来集中注意力。首先把它聚焦在两眉之间。将聚光灯从额头移到整个脸部正面。然后移到肩膀、胸部、腹部、臀部、膝盖、脚踝和脚。扫描完身体正面后，从脚踝开始，由下至上扫描背部。花尽可能多的时间来专注于身体的特定部位。用 2 ～ 5 秒想象聚光灯照射在身体的每个部位，同时通过鼻子慢慢呼吸。扫描身体 5 ～ 10 分钟。

嗡嗡和嘶嘶声

　　在这个练习中，你将选择在呼气时发出"嗡嗡"声或"嘶嘶"声。嗡嗡和嘶嘶是有助于平静的舒缓声音。这个练习会产生一氧化氮，其可以作为血管舒张剂，激活副交感神经系统，降低心率和血压。你可以在早晨醒来时进行此练习，让神经系统置于副交感神经状态并产生一氧化氮；也可以在训练或比赛后使用这个练习来促进恢复并让身体转入副交感神经状态；或在睡前用这个练习来放松。进行 3 ～ 5 分钟的练习。它可以每天进行。

　　首先，坐在椅子上，身体挺直，双脚平放在地面上，或者盘腿坐在地板上。双臂自然放在身体两侧，掌心朝上，放在大腿上。下颌放松，舌头靠近上腭牙齿的后面。通过鼻腔吸气 4 秒，短暂停顿，然后通过鼻子进行 8 ～ 12 秒的呼气，同时发出"嗡嗡"声或"嘶嘶"声，视你的喜好而定。发出"嗡嗡"声时，轻轻闭上嘴唇，在喉咙中感觉震动。发出"嘶嘶"声时，通过嘴巴轻轻呼气，用舌头在空气中产生轻微的阻力。呼气时嘴唇微微张开。当注意力集中在嗡嗡或嘶嘶声时，你应该感到平静。

正念呼吸法

在这个练习中，你通过数 6 个连续的呼吸，并在心中跟随这些呼吸，来实现正念呼吸。正念呼吸将头脑与身体连接在一起。通过有意识地放慢呼吸，边缘系统和脑干也会随之平静下来，这样你就能够平衡和控制情绪。这会打开你的意识空间，使你可以更加专注于当下。在你感到焦虑或紧张时，随时都可以使用这个练习。

首先，坐在椅子上，身体挺直，双脚平放在地面上，或者盘腿坐在地板上。将双臂自然放在身体两侧，掌心朝上，放在腿上。下颌放松，舌头靠近上腭牙齿的后面。通过鼻腔吸气和呼气。当你意识到自己的呼吸时保持静止。你不需要关注特定的节奏或呼吸中的停顿，只需专注你呼吸的自然节奏。在心中数 6 个呼吸。

交替鼻腔呼吸

交替鼻腔呼吸是一种流行的正念呼吸技术。这个练习包括鼻腔交替呼吸循环，即用一侧鼻孔吸气的同时封闭另一侧鼻孔。研究表明，进行交替鼻腔呼吸的人能够减轻压力水平，改善心率、心率变异性、呼吸频率和整体心血管健康（Sharma et al., 2013）。这个练习可以每天在训练或比赛前后使用。这种呼吸练习具有冥想和放松的效果，因此非常适合早晨或晚上使用。它有助于清理思维空间，并创造一个平衡的神经系统。

首先，坐在椅子上，身体挺直，双脚平放在地面上，或者盘腿坐在地板上。将左手放在左膝上。下颌放松，舌头靠近上腭牙齿的后面。通过嘴巴完全呼出空气，然后用右手拇指将右侧鼻孔堵住（见图 a）。通过左侧鼻孔吸气，然后用右手食指堵住左侧鼻孔（见图 b）。抬起右手拇指，打开右侧鼻孔，并通过右侧鼻孔呼气（见图 c）。当你通过右侧鼻孔呼气后，再通过右侧鼻孔吸气，用右手拇指封住它（见图 d）。抬起右手食指打开左侧鼻孔，然后通过左侧鼻孔呼气（见图 e）。这样就完成了一个循环。这个循环总是以通过左侧鼻孔呼气结束。这将以副交感神经状态结束呼吸循环。当你通过左侧鼻孔吸气和呼气时，身体会冷却并放松。通过右侧鼻孔吸气和呼气会在身体中产生热量并给你提供能量。重复这个循环 5 ～ 10 分钟。

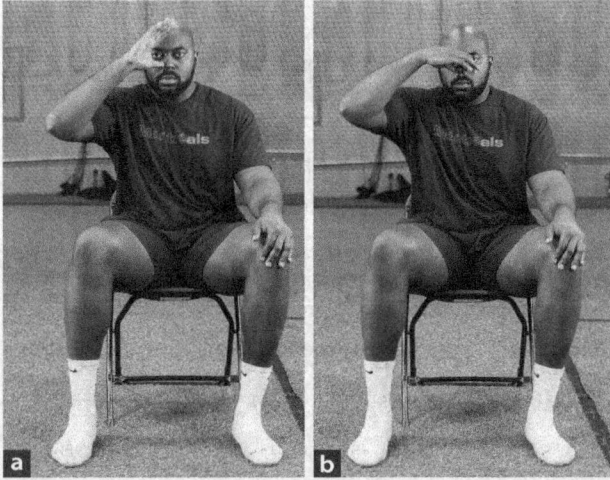

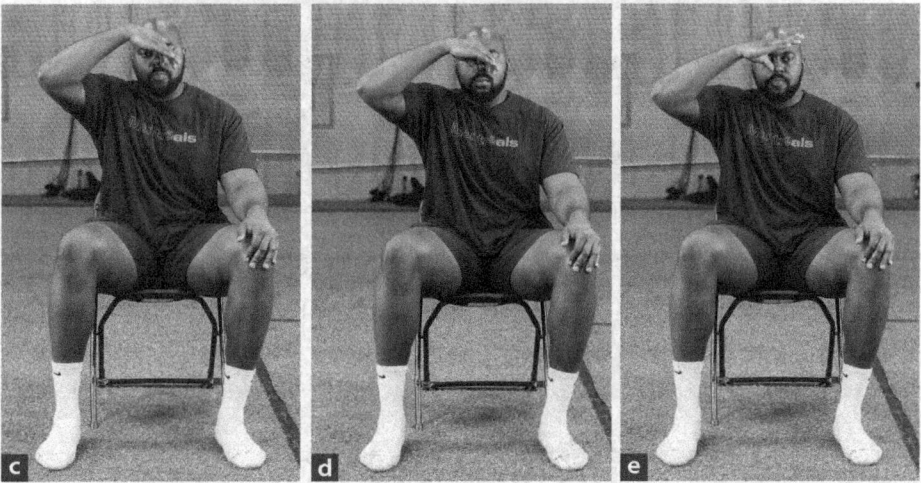

乌加伊（Ujjayi）呼吸法

乌加伊呼吸法通常被翻译为"胜利呼吸法"，已被使用了数千年，用以提升哈他瑜伽练习的效果。这个练习可以增进注意力，缓解身体的紧张感并调节身体的热量，使身体保持温暖。它可以用于训练或比赛前热身。你还可以坐在冷水浴缸里进行这种呼吸练习，这将在下一章中进一步探讨。

首先，坐在椅子上，身体挺直，双脚平放在地面上，或者盘腿坐在地板上。将双臂自然放在身体两侧，掌心朝上，放在大腿上。下颌放松，舌头靠近上腭牙齿的后面。闭住嘴唇，通过鼻子吸气和呼气。吸气时要比正常吸气慢和深，感觉就像空气被喉咙后部限制了一样。然后在呼气时，确保收缩喉部的肌肉。这会发出一种声音，有些人认为这种呼吸方式听起来像《星球大战》（*Star Wars*）中的达思·韦德（Darth Vader）。在这种呼气练习中，呼气的速度通常比吸气的速度更快。对于初学者，可以尝试在收缩喉部的情况下进行正常的吸气和呼气。如果你能够保持呼气的动作，那么就要确保在吸气时也要产生相同的阻力和声音。

如果你发现难以发出声音，试着进行比正常吸气更深的吸气，然后在呼气时张开嘴，发出"哈"的声音。这应该类似于在镜子上吹气时的声音。当你能够在呼气时发出声音，再闭上嘴巴练习。进行这个练习 5 ～ 10 分钟。

两次吸气缓慢呼气

在这个练习中，你将通过鼻子进行两次吸气，然后通过嘴巴呼气。当你感到紧张或焦虑时，可以进行这个练习。只需几次呼吸，便能立即给你带来一种宁静的感觉。

首先，坐在椅子上，身体挺直，双脚平放在地面上，或者盘腿坐在地板上。将双臂自然放在身体两侧，掌心朝上，放在大腿上。下颌放松，舌头靠近上腭牙齿的后面。通过鼻子深吸一口气，吸入腹部，然后稍作停顿。再通过鼻子吸一口气进入胸部。这应该感觉像是吸一小口气。通过嘴呼出，时间是吸气时间的两倍。重复进行 1 ～ 3 次。

吸管呼吸法

　　在这个练习中，你将通过鼻子吸气，然后用吸管呼气。此练习会延长呼气时间，使身体平静，并促进副交感神经状态。你可以每天进行两次练习：早上和晚上。

　　首先，坐在椅子上，身体挺直，双脚平放在地面上，或者盘腿坐在地板上。将双臂自然放在身体两侧。下颌放松，舌头靠近上腭牙齿的后面。一只手放在同侧的膝盖上，另一只手拿着吸管。先通过嘴巴呼出所有空气，然后通过鼻子自然地吸气（见图 a）。吸气后，将吸管放在嘴里。你可以用拇指和食指轻轻夹住吸管，也可以将吸管放在嘴里而不用手扶着，将另一只手放在同侧的膝盖上。通过鼻子吸气后，再通过吸管充分呼出空气（见图 b）。重复进行 5 分钟。

通过鼻子自然吸气

吸气后将吸管放入嘴巴

通过吸管呼气

舌吸法

　　这种呼吸练习与本章中的大多数练习不同。你将卷曲舌头并用嘴吸气，然后通过鼻子呼气。这也被称为"凉爽呼吸法"。你可以在训练或比赛中的紧张时刻使用这个练习。

　　首先，坐在椅子上，身体挺直，双脚平放在地面上，或者盘腿坐在地板上。将双臂自然放在身体两侧，掌心朝上，放在大腿上。下颌放松。闭上双眼，将舌头的边缘卷曲在一起。通过张开嘴巴吸气（见图 a）。吸气要比平时慢且深。然后闭上嘴巴，通过鼻子呼气，直到呼出所有的空气（见图 b）。这应该是缓慢而安静的，不应该给你带来压力。重复进行 3～6 次呼吸。如果你无法卷曲舌头，可以将舌头放在下腭的上方，下颌放松，通过张开嘴巴吸气。然后闭上嘴巴，通过鼻子呼气。

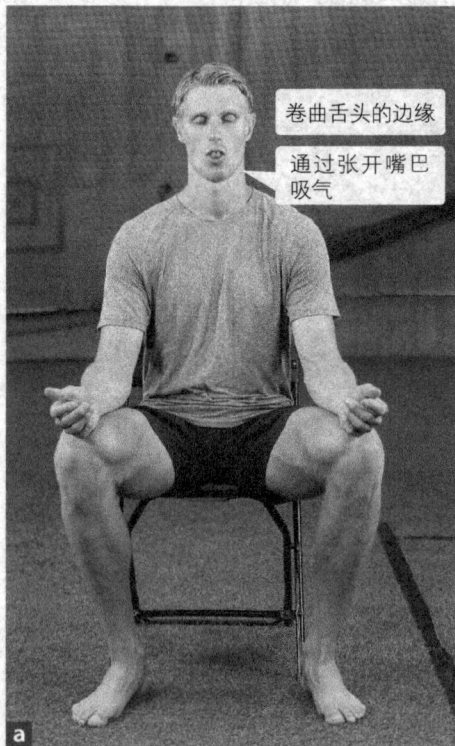

卷曲舌头的边缘

通过张开嘴巴吸气

闭上嘴巴

通过鼻子呼气

身体紧抱式深呼吸

　　这个练习会刺激迷走神经，促进膈肌充分呼吸，使胸廓 360 度扩张；同时它还会激活副交感神经系统。这个练习可以在训练或比赛前进行。使用它来开始你的一天，以便对身体和呼吸进行自我觉知。一次深呼吸就能让身心在一天中保持专注。

　　首先，站直或仰卧在地上。用右臂环绕身体，右手放在左腋窝下。用左臂环绕腹部，位于右臂下方。注意手的位置，因为手指戳身体可能会触发交感神经系统。保持手掌打开，让呼吸推动躯干靠在手掌和手指的底部。在这些角度下紧压身体，当你横向呼吸并充满身体时，应该感到气息完全进入双手（见图 a）。随着呼气，你应该感觉身体收缩（见图 b）。通过鼻子深吸气 6 秒，屏气 6 秒，然后通过鼻子呼气 8 秒，再稍微停顿。重复进行 6 次呼吸。

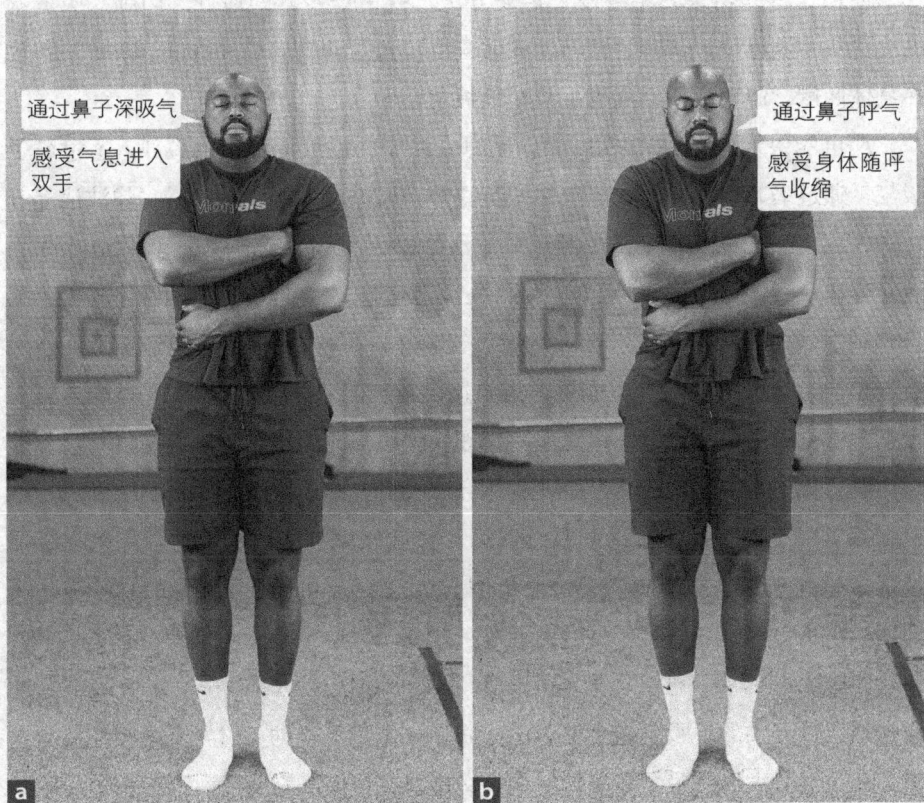

通过鼻子深吸气

感受气息进入双手

通过鼻子呼气

感受身体随呼气收缩

维姆·霍夫呼吸法

维姆·霍夫是一位极限运动员，也被称为"冰人"，以其在极寒和水下游泳以及在高山赤膊攀登的世界纪录而闻名（见第 3 章第 46 页）。他的冒险和壮举有助于研究人员更好地了解生理学，以及身心如何应对压力。

维姆·霍夫方法包括深吸气，随后是放松的呼气，以及长时间的屏气，通过呼吸来控制身心。维姆·霍夫方法的好处包括提高思维清晰度和专注力、减轻压力，以及改善睡眠和精力。尽管维姆·霍夫方法通常与冷暴露一起使用，但这并不是获得情绪调节益处的必要条件。在这里，我们将探讨呼吸方案及其益处。以下是基于维姆·霍夫方法的改良版呼吸练习。

初级维姆·霍夫方法

使用这种练习来熟悉维姆·霍夫方法。找一个安静的地方，仰卧，头下垫一个枕头；这将使颈部和脊柱保持在适当的位置。放松肩膀和胸部。双臂松弛放在身体两侧，膝盖弯曲，双脚平放在地板上。

尽可能快地进行 30 次深呼吸，同时专注于将空气深深吸入腹部。通过鼻子吸气，通过缩起嘴唇呼气。想象你的身体像一股波浪，当你吸气时，像波浪上升一样，用空气充满腹部。随着呼气，波浪消退，腹部变空。在进行了 30 次呼吸后，呼出最后一口气，让肺部剩下四分之一的空气。尽可能长时间屏住呼吸，一旦感到强烈的呼吸冲动，进行大量的吸气，并再屏气 15 秒。理想情况下，这次吸气是通过鼻子进行的，但如果你需要通过嘴巴呼吸也可以。在 15 秒的屏气后呼气。重复这个模式进行 3 组练习，当你变得更强时，增加到 4 组。

刚开始的时候，不必在意屏住呼吸的时间有多长，而是要关注通过练习创造的感觉和空间。在剧烈的呼吸练习后，你应该感到平静和警觉。如果在练习过程中感到头晕、刺痛或感觉将要晕倒，请停止练习，恢复缓慢的鼻呼吸，直到症状消失。

在这个练习中，注意你呼吸的声音。大声和快速的呼吸声表示呼吸练习非常剧烈。较轻柔的呼吸自然会更缓慢。如果你想积极推动，引发交感神经反应，那么在吸气时大声呼吸。如果你寻求副交感神经反应，在吸气时通过鼻子深吸，然后通过嘴轻声呼气。这会自然地减缓你的呼吸。

高级维姆·霍夫方法

这一提升版的维姆·霍夫方法采用了双次吸气的方式。每次呼气都要进行两次吸气。这种双次吸气的方式有助于肺泡中的氧气和二氧化碳更好地进行交换。深呼吸使气体进入肺部，然后延长呼气，这有助于引发副交感神经反应。

找一个安静的空间，仰卧，头下垫一个枕头。这样可以使颈部和脊柱保持在适当的位置。放松肩膀和胸部。双臂放松放在身体两侧，膝盖弯曲，双脚平放在地板上。

通过鼻子吸气，让空气进入腹部。注意在第一个动作中达到吸气能力的90%。接下来把剩余 10% 的气体吸入胸部，仍然通过鼻子进行。在最大限度吸气时，将空气通过嘴巴完全呼出。在呼气后稍作停顿，然后进行另一次吸气，将90% 的空气吸入腹部，然后再将剩余 10% 的空气吸入胸部。感觉就像是在身体内制造一个波浪，感受气体的进出。这种呼吸练习是连续的，没有停顿、暂停或屏气。

以下是不同级别的练习持续时间：初级水平 5 ~ 10 分钟，中级水平15 ~ 30 分钟，高级水平 45 ~ 75 分钟。这种练习最适合在恢复日进行。可以同时进行桑拿和冷水浴，或在大自然中散步。你可以在训练或比赛前使用它来激发肾上腺素和集中注意力，但仅限 3 ~ 5 分钟。延长这个练习时间可能会对身体造成负担，并消耗原本更适用于表现的能量（MacCormick，2020）。

全息呼吸法

全息呼吸法被用于情感疗愈，据说可以改变个体的意识状态。通常，这种快节奏的呼吸由一位指导者引导，以支持疗愈过程，并且必须配合音乐进行。在进行全息呼吸法练习之前，请咨询医生或医疗专业人员。

研究显示，全息呼吸法可以提高个体的自我意识（Miller and Nielsen，2015）。一些人不仅使用这种练习来增强他们对生活的看法，还建立了自尊，消除了消极的想法。这种练习可以帮助人们面对创伤和悲惨经历，使他们找到目标，并有目的地生活。这种非传统的练习是由精神病学家斯坦尼斯拉夫·格罗夫（Stanislav Grof）和他的妻子克里斯蒂娜·格罗夫（Christina Grof）在 20 世纪 70 年代开发的，他们通过这种练习试图实现意识状态的改变（不使用药物），将其作为一种潜在的治疗工具。

在全息呼吸练习中，个体使用有控制的快节奏呼吸进行过度换气，使氧气匮乏。据说有限的氧气会改变意识状态。这些练习可以持续数小时，可以进行一对一练习或在群体环境中进行练习。大多数从业者建议，在呼吸练习后进行创意性活动，如写日记、绘画、素描或进行小组讨论。

如果你对全息呼吸法感兴趣，请寻找一位有经验的指导者。这种练习在运动平台之外进行，并不适合每个人。作为一种治疗体验，全息呼吸法旨在帮助人们突破生活中的逃避障碍。研究已证明，它可以减少压力和慢性疼痛，减轻抑郁症，并减少先前创伤的负面影响。请让这种自我探索的练习远离训练和比赛。它并不是用来改善运动表现或激发训练或者比赛的状态的。它是一种情感疗愈的过程，可以帮助你克服消极偏见和障碍。

平衡呼吸

这里提供的练习采用平衡技巧，为你的呼吸模式增添额外的刺激，可以在训练或比赛前使用。平衡技巧与呼吸相结合的主要目标是帮助身体在面对挑战时保持自我控制。改善平衡也有助于你预防受伤，提高认知能力，增强肌肉协调能力和保持注意力集中。每天最多进行 3 次平衡练习。在开始这些练习之前，请注意以下几个要点。

· 每个练习都可以作为独立的练习进行，你可以自行决定每个练习的频率和持续时间。

· 进行练习时请赤脚，以便利用大脚趾来增强稳定性。

· 在进行这些练习时，请使用鼻呼吸。

· 如果发现自己屏住呼吸，请放松身体并提醒自己保持呼吸。

平衡呼吸热身

在开始平衡呼吸练习之前，先对双脚进行热身。这个热身动作还有助于增强脚趾和足部的力量。在进行接下来的练习之前，每次都要做这个热身。

1. 直立站立，双脚分开与肩同宽，脚尖朝前。双臂自然放松，双手张开，放在身体两侧。在保持平衡的同时，如有需要，可以用手臂来帮助保持平衡。

2. 通过鼻子进行正常的呼吸，保持鼻呼吸。

3. 从右脚开始，用 4 个脚趾着地，将大脚趾抬离地面（见图 a）。保持 10 秒。

4. 将大脚趾按压地面，同时将其他 4 个脚趾抬离地面（见图 b）。保持 10 秒。

5. 将大脚趾和小脚趾着地，同时抬起中间的 3 个脚趾（见图 c）。保持 10 秒。

6. 抬起右脚，做 10 个顺时针和 10 个逆时针的圆圈运动，同时从踝关节开始，将大脚趾指向前方（见图 d）。

7. 在左脚上重复第 3 至第 6 个步骤。每只脚只需要进行一次即可。

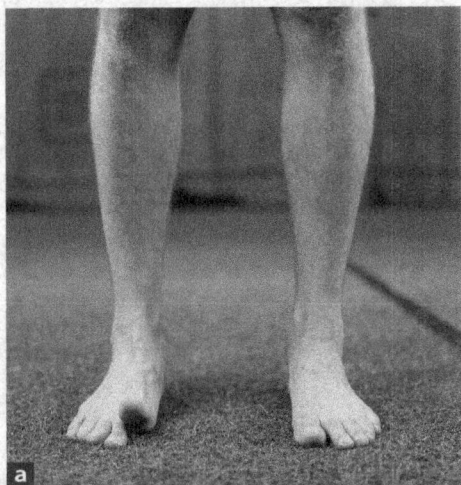
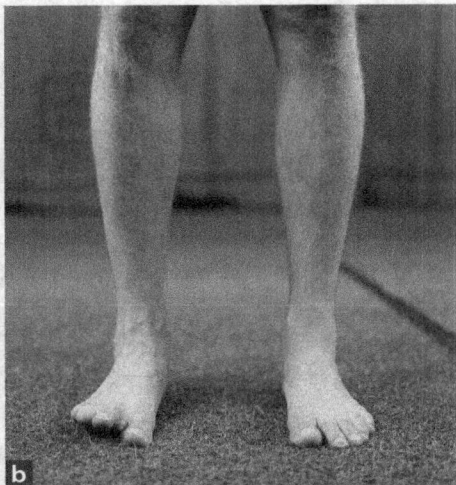
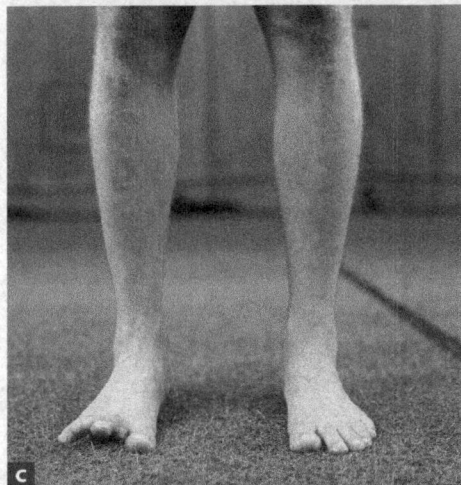
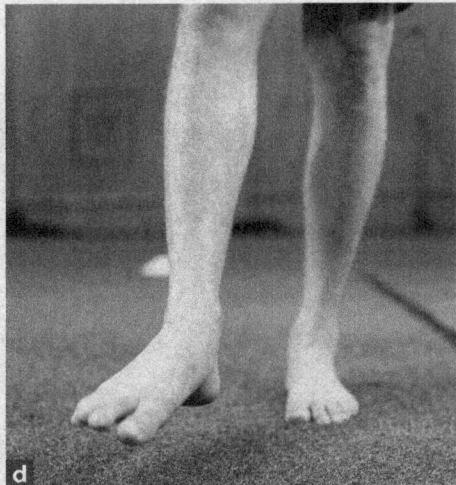

平地单脚站立

这个练习能够在保持身体静止的同时连贯呼吸，增强脚踝和足部的力量。在训练和比赛前后进行此练习，可以培养呼吸的正念和意识。

1. 直立站立，双脚分开，间距略小于肩宽，脚尖朝前。双臂放在身体两侧，掌心朝前。

2. 抬起左脚，保持右脚站立（见下图）。

3. 在保持这个姿势的同时，通过鼻子进行 6 次正常吸气和呼气。没有特定的呼吸方案。呼吸节奏应保持一致，在吸气和呼气之后稍作停顿。

4. 在每条腿上重复练习最多 3 次。

平地火烈鸟式站立

这个练习在保持单脚平衡的同时，协调胸廓与髋部，保持脊柱中立，360 度扩张胸廓，增强脚踝和足部的力量。在训练和比赛前后进行此练习，可以培养呼吸的正念和意识。

1. 直立站立，双脚分开，间距略小于肩宽，脚尖朝前。双手靠近身体两侧，掌心朝前。

2. 通过鼻子吸气，抬起左腿，将膝盖抬到髋部高度，同时保持髋部屈曲 90 度（见下图）。进行一次正常的吸气，然后进行一次正常的呼气。在单脚站立平衡时，保持胸廓位于髋部上方，保持脊柱中立。

3. 保持这个姿势，通过鼻子呼吸 15 秒。

4. 在另一条腿上重复这个过程。

5. 每条腿上重复 1 ～ 3 次。

平底脚跟对脚尖行走

这个练习的目标是在行走时保持平衡，并让呼吸与动作协调。接下来的练习"行走时的节奏呼吸"将拓展这个练习。要进行这个练习，请按照以下步骤进行。

1. 在地面上标记一条长 20 英尺（约 6.1 米）的线。

2. 在线的一端直立站立，双脚分开，间距略小于肩宽，脚尖朝前。将双臂伸直到大约与地面平行。

3. 沿着线向前行走，将一只脚的脚跟放在另一只脚的脚尖前方，随着前进而移动（见图 a～b）。

4. 在迈出第一步时通过鼻子吸气，然后在下一步通过鼻子呼气。在前进时保持这种呼吸模式。

5. 当你走到线的末端时，以同样的方式向后行走，将脚尖放在另一只脚的脚跟上，并保持相同的呼吸模式。

6. 重复练习 1～5 次。

接地练习

电流无处不在，甚至我们的神经系统也需要电流将来自外界感知的信号发送到大脑和身体中。这有助于解释为何赤脚接触地面有益健康。身体与地面接触已经被证明可以通过将能量从地面传递到我们的身体来改善我们的健康状况。身体与地球之间的连接已被证明可以改善心率变异性、氧气消耗，并从交感神经状态转变为副交感神经状态。这有助于为我们的意识思维创造思考的空间，使其更加理性，并保持更加平静的心态，从而消除边缘大脑活动。

每周进行 3～5 次，每天花 20～40 分钟赤脚在一个安全的草地区域行走，只通过鼻呼吸。用眼睛专注每一步。这将使呼吸频率变慢，同时也能避免双脚踩错地方。在清晨立即进行接地练习，有助于促进早期的副交感神经状态和减缓呼吸。这也有助于稳定你一天的精力。无论何时身体接触地面，副交感神经活动都会占据主导地位，这会自然地减缓呼吸。赤脚接触地面有助于培养缓慢、有节奏的呼吸意识。

行走时的节奏呼吸

这个练习的目标是在行走时进行计数。这可以训练你的呼吸与步伐节奏的配合。如果你按照1∶1的比例进行，你可能比按照4∶4的比例走得更快。第一个数字代表你在吸气时走的步数，第二个数字代表你在呼气时走的步数。这个练习通过运动强化了认知意识，并让人更加专注于呼吸。要维持这个节奏需要心理和身体的专注。

初学者方案和中级方案

以1∶1的比例开始，慢慢行走，让呼吸与步伐同步。很快就能掌握这种节奏。当你感到舒适时，将比例增加到2∶2，最终到4∶4。如果你之前接触过这种训练，可以从3∶3的比例开始。

- 1∶1——用一只脚踩地吸气，然后用另一只脚踩地呼气。
- 2∶2——吸气时走2步，呼气时走2步。
- 3∶3——吸气时走3步，呼气时走3步。
- 4∶4——吸气时走4步，呼气时走4步。

高级方案

一旦你掌握了初级到中级的步骤，就可以进入高级方案。

三部曲

三部曲与初学者和中级步骤类似，只是你会在特定的步数内吸气，然后屏气，最后在特定的步数内呼气。按照以下步骤进行。

1. 吸气时走4步，屏气时走5步，呼气时走3步（总共5～10分钟）。
2. 吸气时走3步，屏气时走4步，呼气时走3步（总共5～10分钟）。
3. 吸气时走2步，屏气时走3步，呼气时走2步（总共5～10分钟）。
4. 吸气时走4步，屏气时走4步，呼气时走2步（总共5～10分钟）。

个性化顺序

在这个序列中没有屏气的动作。随着你的进步，你可以在吸气和呼气时增加步幅或减小步幅，挑战吸气和呼气的顺序。

1. 吸气走 1 步，呼气走 3 步（总共 5 ～ 10 分钟）。

2. 吸气走 4 步，呼气走 1 步（总共 5 ～ 10 分钟）。

除了高级方案外，你还可以通过在练习中设置障碍物来进一步挑战自己的注意力。在分配给练习的时间内，沿着直线来回走 20 ～ 50 码（约 18.3 ～ 45.7 米）。接下来，在你必须行走、跨越或绕过的路线上放置箱子、障碍物、锥形标志或平衡木。放置一根棍子或其他障碍物，你必须躲过或跳过。无论障碍物是什么，保持呼吸稳定。在呼吸次数较高时，你自然会开始行走得更快，但要尽量保持放松、均匀和平静。

通过阅读本章，你已经学会了许多恢复的方式。没有一个单一方案是完美的，适用于每个人的。尝试所有这些方法，找到适合自己的最佳方式。目标是减缓呼吸频率并开始适应的过程。本章开篇介绍了如何放慢呼吸和 EPOC 呼吸的概念。本章的其余部分概述了许多在训练或比赛时使用的呼吸练习。当你只有几分钟的时间来恢复时，你希望依靠那些已知对自己有效的方案。在训练或比赛后，最理想的恢复是花 10 ～ 30 分钟来减缓和控制你的呼吸复。像维姆·霍夫方法或全息呼吸法等练习最好在运动表现场合之外使用。在不进行正式训练的时候，尝试这些练习，并在面对环境压力时进行练习和记录。在休息日或较轻的训练日进行平衡呼吸练习和行走时的节奏呼吸练习。第 9 章将涵盖环境应激和在寒冷或炎热环境下进行呼吸训练的方法。

第 9 章
环境应激练习

一个运动员能够接受压力并从中学习，以提升表现力，这是一种强大的能力。本章将教会你如何在有意将自己置身于冷热压力环境中时控制呼吸。有关心态的研究表明，当某人特意去做一些他们认为对自己有益的事情时，与他们无法控制的事情发生在他们身上时相比，会产生不同的生理效应。在本章中，我们将探讨冷热训练及其方案，以便你可以将这种有效的训练方式纳入你的技能范围。

我们的自然生存本能是寻求舒适的温度，保持在 20 ～ 22.2℃的温度范围内。通过走出这个舒适区，让身体在热和冷的环境中感受压力，使我们身体的细胞功能加强，无论是在同一训练中利用热和冷的环境，还是专注于一个极端温度，都可以强化我们的生理系统。我们降低了日常的呼吸频率，改善了肌肉组织，并提高了应对压力的门槛。有证据表明，在经历了我们的早期祖先每天接触到的同样不适之后，我们处于最佳状态——在身体上更强壮、在心理上更坚韧、在精神上更健全（Easter，2021）。室内生活方式导致的温度变化不足以及与自然的脱节，使我们远离了我们祖先的成长环境，而这继续削弱着我们的神经系统。通过有意识地将自己置于热或冷的环境中，我们不仅在身体上表现更佳，甚至在心理和精神上也是如此。

冷暴露

近年来，利用冷暴露来提升运动表现引起了人们很大的兴趣。维姆·霍夫因其运动壮举和训练方法，被称为"冰人"（见本书第 46 页），引起了全球的关注。冷暴露是一种强大的工具，用来进行身体和心理训练，它加深了你与这种体验所带来的生理感受的关系，并产生更强的认知能力、情绪控制能力和更好的耐力。

什么是冷暴露？

有控制地暴露于寒冷环境中，会引发身体应激，从而产生有益且积极的适应性，改善心理、情感和身体健康。你可以通过许多种方式让自己处于寒冷状态——可以简单地用冷水淋浴，站在寒冷的冬天户外，或者躺在雪地上；也可以更进一步，完全浸入冰桶、浴缸、湖泊、小溪或任何能够让你全身浸泡在 15.5℃以下温度水中的地方。通过学会在这些有控制的寒冷环境中运用呼吸，你将能够降低呼吸频率，平息在压力情境下出现的爬行脑或边缘脑活动。

冷暴露实际上是冷产热的另一种说法，它是指身体暴露于远低于最佳条件的温度时，身体产生自身热的过程。想象一下，你感到寒冷，开始发抖，皮肤变得紧绷，身上的毛发竖立起来，身体的部分区域变得发红。这是一种热发生的形式。世界各地的冷暴露社区成员称身体产生自身热的过程为身体的热通风口。热通风口是寒冷进入身体后形成的一种反应。

当身体的热通风口被激活时，寒冷会激活褐色脂肪组织（BAT），也就是褐色脂肪。人体大部分体内脂肪是白色脂肪，这种脂肪储存额外的能量，身体内过多的白色脂肪会导致肥胖。褐色脂肪会分解血糖（葡萄糖）和脂肪分子来产生热量，帮助维持体温。这种产热脂肪可以提高核心体温，并作为身体的"炉子"，增加核心代谢。产热脂肪，或者说褐色脂肪，有助于维持身体苗条，并减少一般性的炎症。

我们可以通过服装、人工温度控制及减少户外活动来轻松避免寒冷温度，这可能会减少对褐色脂肪的刺激。我们越远离自然，就越少利用身体现有的系统来产生能量和维持平衡。这让我们的身体被内脏周围的白色脂肪隔离，这会给呼吸肌造成负担，因为吸气是一种主动运动，在呼吸过程中，特别是吸气时，需要进行更多的工作。额外的体重和受限的胸廓使我们必须更加努力地通过吸气来扩展肺部的表面积。这可能是导致人们变得肥胖后呼吸频率上升的原因。

越多地暴露于寒冷环境之中，有益的褐色脂肪水平就越高。因此，将冷暴露纳入你的日常计划，并逐步使其成为你生活中的一种习惯性行为，这不仅有助于建立健康的呼吸模式，还能为你带来专注与平静的时刻。

冷暴露是如何起作用的？

当你暴露于寒冷温度下时，你的身体必须更加努力地保持内稳态并调节核心体温。此外，当你的身体暴露于寒冷中时，会激活肾上腺素和去甲肾上腺素等激素。这两种激素都是"战斗或逃跑"反应背后的推动力，通过因冷暴露而产生的肾上腺素帮助激活心脏和血液活动。虽然寒冷是一种压力源，但它是一种积极的压力。类似于暴露在早晨的阳光下，当你暴露于寒冷中时，你会产生皮质醇，这是一种应激激素，它有助于在一整天内促进能量产生和健康的新陈代谢过程。

冷暴露会给身体带来应激反应，尤其是对神经系统。就像你在健身房锻炼或进行短跑来提高表现一样，你希望让身体经历应激以学会如何适应，并成为一名更好的运动员。除了冷暴露的外部迹象（发抖、皮肤紧绷、发红、毛发竖立），在体内，血管会收缩，从而增加呼吸频率。这是你初次暴露于寒冷时所经历的急性应激反应。经过多次暴露后，你会适应并提高自己的适应能力水平，从而减少身体的"战斗或逃跑"反应。有计划地暴露于应激源之中会引起对该应激原的适应。

冷暴露有什么好处？

冷暴露可以用来提高心理和身体表现。当你探索冷暴露的体验时，了解随之而来的好处是有帮助的。

- 加速新陈代谢。
- 改善褐色脂肪组织，有助于燃烧白色脂肪。
- 减少一般性炎症。
- 提高睡眠质量。
- 改善免疫反应。
- 增加能量水平和专注力。
- 增强适应性，强化心理。
- 缓解自身免疫性疾病引起的症状。
- 在身体内释放去甲肾上腺素和肾上腺素。
- 增加细胞寿命，改善组织健康状况。

冷暴露的安全问题？

如果过度使用或在错误的时间使用冷暴露，身体会保持在"战斗或逃跑"状态，消耗能量并导致严重疲劳。更糟糕的是，寒冷可能导致体温过低或被冻伤，这是非常危险的。本章的方案不太可能导致体温过低或严重疲劳；然而，了解冷暴露的潜在风险很重要。

要注意脱水、麻木、剧烈颤抖、记忆丧失、迷失方向、口齿不清和极度疲劳等症状和体征。这些都是危险的早期预警信号，你应立即远离寒冷环境。如果寒冷让你感到不适，自然反应是过度呼吸并通过嘴巴进行胸式呼吸。在冷暴露期间，需要保持镇定的鼻呼吸，以保持冷静和保持思维清晰。如果呼吸变得有压力，身体也会受到影响。

冷暴露练习

在之前的内容中，我们讨论了极限运动员维姆·霍夫及其运动成就和训练方法，该方法将呼吸练习与冷暴露相结合。这里的练习使用了与维姆·霍夫相似的呼吸方案，以建立对压力的耐受性，并将其与寒冷环境相结合。将呼吸与冷暴露相结合是一种有效的方式，可以训练控制生理和心理对应激刺激的反应。随着这一技能的提高，你将能够在更长时间的心流状态下表现，同时延长刺激和反应之间的心理空间。这不仅可以增加你在表现中的适应能力，也可以增加你在生活中的适应能力。请记住，你不需要在寒冷环境中停留太长时间，只需要足够长的时间来控制呼吸。这就是开始适应过程所需要的。

本节中的练习探索了不同程度的冷浸泡。目标是找到适合你的、安全但也会让你感到不适的级别。请注意，如果在冷暴露或冷浸泡期间无法控制呼吸，那么你并没有适应。对于早晨的冷浸泡方案，最好在醒来后的两小时内进行，或者在训练或比赛后至少 4 小时后进行。晚上应尽量避免或最小限度地使用冷浸泡，因为这可能会干扰睡眠，并且不应在睡前进行（稍后将详细讨论这一问题）。

初级冷浸泡：冷暴露

这些初学者的冷浸泡练习是控制应激反应最简单、最有效的方式。它们用于控制呼吸并学习如何应对压力。你可以将脸部、手和脚暴露于寒冷环境中，以增强耐力并为最终的全身浸泡做准备。

脸部浸入冷水

这种练习使用冷水在受控的环境中对脸部进行溅洒或浸泡，如在淋浴、户外水管、水槽或冷水桶中进行。将脸部暴露在冷水中 15 ～ 60 秒。你可以每天早上或甚至一天多次将脸部暴露在冷水中。

向脸部泼洒冷水

在训练或比赛间隙中，可以向脸部泼洒冷水，以激活副交感神经反应，降低呼吸和心率。迷走神经刺激对神经系统的影响也有助于让你回到当下，进入正念状态。

将冷水倒在手中，向眼睛周围和眼睛正下方泼洒水花。保持闭眼并通过鼻腔保持呼吸。在将水洒到脸上之前，屏住呼吸。在向脸上泼水时屏气应该是一种本能反应，但要保持意识，注意短暂地屏气。屏气后，继续通过鼻腔呼吸。向脸部洒水 10 ～ 15 秒。

全脸浸水

这种技术是屏住呼吸并将整个脸部浸入冷水中。这将刺激迷走神经，引发副交感神经反应，降低呼吸和心率。你可以在桑拿浴或高强度训练后，或者在呼吸练习之前或之后使用这种技术，开始从交感神经状态到副交感神经状态的适应。

通过鼻子正常呼吸，然后在吸气或呼气时屏住呼吸，将脸部浸入水中 15 ～ 20 秒。在吸气时屏气会更容易，因为肺部有储备容量。当你冒出水面时，继续通过鼻子正常呼吸。

将手脚浸入冷水

这种冷水浸泡练习包括将手或脚浸入冷水中一定时间。手和脚对寒冷的最初反应是强烈的血管收缩，导致手和脚的温度迅速下降，这损害了触觉敏感性、灵活性和肌肉收缩特性，同时增加了疼痛和交感神经活动。这会降低运动功能和表现（Cheung，2015）。这些方法有助于加强和增强四肢的适应能力。请在休息日或训练前后至少两小时使用这些技巧。

　　将双手放入足够多的冰水中，以便将双手完全浸入水中，或将双脚放入冰水桶中，使双脚完全浸入水中，刚好到脚踝上方。先通过鼻子吸气4秒，屏气2秒，然后通过鼻子或嘴巴呼气7秒。在整个练习过程中保持这种呼吸模式。初学者可以将双手浸泡在水中2分钟（8～10次呼吸）至4分钟（16～20次呼吸）。一旦你感觉已经掌握了控制呼吸所需的适应性，将时间增加到6分钟（24～30次呼吸）至8分钟（32～40次呼吸）。不要超过8分钟。水温和浸泡时间将取决于你能够承受应激的时间。如果你不能维持在目标时间内浸泡，可以增加水温或缩短时间。

冷水淋浴

　　冷水淋浴是实现全身冷暴露较受欢迎、较有效的方法之一（尽管它不如全身冷水浸泡那么有效，这将在后面讨论）。冷水淋浴能降低炎性细胞因子水平，激活褐色脂肪组织以燃烧脂肪，并诱导激素反应，所有这些都会增强免疫系统。冷水淋浴会促使人体释放肾上腺素，有助于维持全天的能量。冷水淋浴在旅行或比赛中长时间等待期间可以派上用场，它会促进血管扩张，有助于释放一氧化氮。这对于氧气进入肌肉组织至关重要。器官和肌肉中轻微增加葡萄糖和氧气的摄取，可以帮助你减轻时差症状，并在剧烈的训练或比赛中减轻疲劳。

　　对于冷水淋浴方法没有特定的呼吸方案。初学者可能会觉得难以控制呼吸，开始时可能会出现过度呼吸。在这种情况下，首先是要减缓呼吸，然后在仅通过嘴巴呼吸时控制呼吸。每次吸气后，屏气2～4秒，并延长呼气时间。呼气时间应是吸气时间的2倍。如果在冷水淋浴中不觉得呼吸困难，专注于只通过鼻子呼吸，同时注意寒冷接触全身的感觉。冷水淋浴后，你会感到思绪清晰和充满能量，这种感觉会持续一整天。

热–冷交替淋浴

　　热–冷交替淋浴是一种常见的练习冷暴露的方法。交替水温的对比疗法可能具有治疗和放松作用。使用热水也可以减轻严寒淋浴的压力。在进入寒冷环境之前进行热冷交替淋浴，有助于你更容易地适应寒冷，并减轻寒冷环境带来的冲击。

进行一次正常的热水或温水淋浴。淋浴结束后，打开冷水龙头，让冷水冲击身体的前部（脸部、胸部、腿部）15 秒。转身，让水冲击你身体的后部（头部、背部、腿部）15 秒，最后再让冷水冲击脸部几秒。让水冲击整个身体，在淋浴时慢慢呼吸，感受冷水对全身各部位的影响。你每天都可以进行一次热 – 冷交替淋浴，因为最后 30 秒的冷暴露不会影响神经系统，从而影响训练或比赛。淋浴后擦干身体，自然地使身体回暖。不需要寻找其他的热源，身体会很快自然回暖。

冷水淋浴

你可以每天早晨进行纯冷水淋浴，以增加警觉性、专注力和全天的精力。这将在整个淋浴过程中触发交感神经活动，而身体在淋浴后会自然地转入副交感神经状态。进行冷水淋浴，让水冲击整个身体，正、背面暴露在冷水中相同的时间。尝试持续冷水淋浴 2 ～ 5 分钟，感受冷水对身体的影响，同时注意自己的呼吸。淋浴后擦干身体，自然回暖。不需要寻找其他的热源，身体会很快自然回暖。

晚间也可以进行纯冷水淋浴，以创造一个初始的冲击来刺激交感神经系统。这只需冷水淋浴 15 ～ 45 秒。随着身体自然回暖，它会进入副交感神经状态，使你能够以正常的体温放松。如果冷水淋浴时间超过 45 秒，将会激活身体的热量散发，导致在入睡时体温升高，可能会引起睡眠中断。

交替淋浴

交替淋浴可用于放松、促进副交感神经状态以促进休息日的恢复。可以采用以下两种方式进行：5 分钟或 10 分钟的交替热冷淋浴。

• 进行 5 分钟的淋浴，交替使用 20 秒的冷水和 10 秒的热水。这将产生 10 个冷 – 热对比周期。开始的方式并不重要，最重要的是始终以冷水结束。

• 进行 10 分钟的淋浴，交替使用 30 秒的冷水和 30 秒的热水。这将产生 10 个冷 – 热对比周期，在热水和冷水中花费相等的时间。同样，开始的方式并不重要，最重要的是始终以冷水结束。

中级冷浸泡：全身冷暴露

冷浸泡是通过将整个身体浸入冷水浴缸中进行的（见下图）。这被视为中级冷暴露，因为在经历了初级冷暴露，比如冷水淋浴或将脸、手或脚暴露在寒冷环境中后，才会使用的方式。本节中的技巧是最常见的全身冷水浸泡方法。只保持头部在水面上，你将专注于呼吸，而身体在水下经受着压力。

你需要一个足够大的浴缸，可以完全浸泡整个身体到颈部。通常，一个378 ～ 568 升的浴缸可以容纳整个身体，而不会溢出太多水或将水溅出来；也可以使用浴缸。

浸泡的时间和水的温度取决于你的反应、感觉或预期要进入寒冷的独特感受，这对每个人都是独特的。水的温度应该有多冷取决于你的耐寒能力和新陈代谢，这是事先无法知道的。水应该足够冷，以至于你的反应是"哇，我想退出这个体验，但我可以安全地待在这里"。考虑到这一点，运动员可以在 1.7℃的水中控制呼吸，但大多数运动员使用的冷水浴的温度为 10 ～ 15.5℃。这个温度有助于运动员提升表现，但将温度降到 0.5 ～ 4℃会引入更深层次的心理因素，有助于增强意志力。这种体验应该具有挑战性，但绝不会让人感到不安全。

以下是针对不同温度的一般冷浸泡时间指南。

10 ～ 15℃

- 初学者：3 ～ 5 分钟。

- 中级：7 ～ 10 分钟。

- 高级：15 ～ 20 分钟。

4.4 ～ 9.4℃

- 初学者：30 秒到 1 分钟。

- 中级：2 ～ 4 分钟。

- 高级：4 ～ 7 分钟。

0.5 ～ 3.9℃

- 初学者：不建议使用。

- 中级：1 ～ 2 分钟。

- 高级：2 ～ 5 分钟。

通过不断地暴露于寒冷环境中，你将学会如何调节呼吸，以及如何放松身体，这样你就能在经历冷暴露所带来的冲击和压力时控制自己。在开始全身浸泡时，请遵循以下准则。随着时间的推移，你将会发现适合自己的最佳方法。

- 如果你是初学者，可以仅仅从浸没到乳头以下开始。随着进步并感到舒适，你可以坐在浴缸中，让水淹没到胸部往上，大约在锁骨附近。

- 在进入浴缸之前，你不需要特定的呼吸方案。然而，进行 10 分钟的"乌加伊呼吸"（见第 158 页）或进行 3 轮维姆·霍夫呼吸（见第 162 页）可能有助于在体内产生热量并集中注意力。

- 全身浸泡时的目标是保持对呼吸的控制。最佳的呼吸方案是吸气 4 秒，屏气 2 秒，然后呼气 7 秒。根据你对寒冷的耐受能力，使用以下一个挡位来保持这个呼吸方案。

◇ 高挡位（对寒冷的耐受能力较弱）：口吸气，口呼气。

◇ 中挡位（对寒冷的耐受能力适中）：鼻吸气，口呼气。

◇ 低挡位（对寒冷的耐受能力较强）：鼻吸气，鼻呼气。

- 将双臂交叉，双手放在腋下或将双膝贴近身体，同时将双手放在腋下。这有助于保持体内热量，并可以帮助你在寒冷环境中更专注于呼吸，同时感到更安全。

- 在全身浸泡期间，横向呼吸并使用膈肌扩张胸廓。避免使用辅助呼吸肌，其明显的迹象是呼吸时颈部或肩部出现动作。浴缸中的水压应该在胸廓周围形成一定的力，这有助于改善呼吸机制。这是全身浸泡的另一个好处。在淋浴时，胸廓周围没有水压。

• 在每次全身浸泡结束时，向脸上洒些冷水，或完全将头浸入水中。这就完成了全身暴露。利用这个时刻作为离开压力到开始热身的适应过程之间的最后过渡时期。

• 在全身浸泡后，身体会自行产生热量，自然地回暖，从而进入适应阶段。不要通过在身体上施加温水或热源来干扰热量散发的过程。如果你感到非常寒冷和不适，可以进行徒手深蹲或跳跃来让身体变暖。

• 在全身浸泡后，进行缓慢而深的呼吸，以刺激迷走神经，并在冷暴露后将身体置于副交感神经状态。通过鼻腔吸气 5 秒，屏气 1 秒，然后呼气 5 秒。持续进行 10 分钟。

• 进行完全冷水暴露后，坐下或躺下。在深呼吸时，通过呼气发出"嗡嗡"声或"嘶嘶"声，在呼气时制造声带的振动。这是一种能刺激迷走神经、促进放松，并在寒冷压力后帮助身体恢复的舒缓呼吸练习。

寒冷性荨麻疹

寒冷性荨麻疹是皮肤对寒冷的一种反应。这种反应通常在暴露于寒冷后的几分钟内发生。有些人会出现轻微的反应，如手部或嘴唇肿胀，或是暴露于寒冷的部位出现暂时性瘙痒的风团（荨麻疹）。其他人可能会出现严重的反应，如晕厥、心跳加速、四肢或躯干肿胀，甚至休克。如果你觉得自己对冷暴露有不良反应，请咨询医生。如果突然暴露于寒冷环境后出现全身反应（过敏性休克）或呼吸困难，请寻求紧急医疗帮助。

极端冷浸泡：开放水域冷暴露

这是另外一种寒冷浸泡方式，利用自然界的水域，如小溪、湖泊或海洋进行冷浸泡，它仅适用于对寒冷有丰富经验的运动员（见下图）。首先，你必须了解受控环境中的冷水与自然界中的冷水之间的区别。例如，在淋浴中你可以控制温度，在浴缸中你可以控制使用的冰量。在自然界中，水的流动，这种额外的刺激会使水感觉更冷。水的流动产生了持续的"冷冲击"。如果一个冷水浴缸的温度是4.4℃，湖泊的温度也是如此，但是由于水的流动，湖水会让人感觉更冷。水流的不可预测性还可能导致你的呼吸频率增加。例如，当你完全浸泡在湖泊或海洋中，让身体安静下来，呼吸放缓后，水流可能会发生变化，再次引起身体感受到寒冷的刺激。这会促使你加快呼吸。自然的冷水源也可能溅到你的脸上。这些因素会增加压力，如果对冷暴露感到不舒适或不适应，你可能不会喜欢这个过程，或者这可能会让你感到不堪重负，从而变得不安全。

　　在自然环境进行冷浸泡是最佳的冷暴露形式，因为你会获得比受控环境下更多的健康益处，特别是对副交感神经系统的益处。这不仅会让身体适应，还会让心理适应。在自然界中，交感神经系统的反应减少。如果你经常感到焦虑或抑郁，花时间接触自然将有助于治愈你的神经系统。通过自然的疗愈过程，你可以重新发现自己的心理和情感力量。

　　在自然环境中进行冷水浸泡时，应该选择在安全的深度和流速较慢的水域中进行。当水体中的水流移动时，难度会增加，但水流不应该过大，以至于将你带到不安全的地方。确保水不深，可以让你能够走出水域。

　　在自然环境中进行冷水浸泡仅适用于较冷的气候和特定的时间。在北半球较冷的气候中，10月至第二年4月是在自然中进行冷浸泡的最佳时间。一年中较寒冷的月份（12月、1月、2月）会导致水温更低。你很难判断自然水源的温度，尤其是如果水面结冰，你需要切开冰层，所以要确保环境安全，并且你能够适应温度（见下图）。因此，自然冷源的操作方式取决于你。但有两个原则始终保持不变：（1）事后让身体自然地回暖；（2）体验应该感到困难，但绝不能不安全。

哺乳动物潜水反射

　　哺乳动物潜水反射是一种生理反应，当我们屏住呼吸并在水下浸泡时会经历到这种反应。哺乳动物通过神经系统的反应来维持生理平衡，调节心率、呼吸和血压。当哺乳动物被浸入水中时，这些平衡会被打破。在水下屏气时，心率减缓，外周血管系统收缩。激活外周感受器，让哺乳动物能够维持体内的氧气水平。影响这个系统的主要因素是神经系统、呼吸系统和心血管系统。脸部浸入水中的主要结果是一种心动过缓反应。心动过缓就是心率变慢。通过增强迷走神经反应，身体暂时处于副交感神经状态，心率减慢（Godek and Freeman, 2021）。这种反应对运动表现的好处在于利用内在系统使自己平静下来。例如，在球赛的局间休息、节间休息或半场休息时，将脸部浸入冷水中以触发副交感神经状态，重新调整思绪和身体。或者在比赛前、后，将头部浸入冷水中，屏气 10 ～ 20 秒，使自己平静下来，并减轻焦虑程度。

在开放水域冷暴露的一般准则和时间范围如下。

- 初学者：30 秒至 2 分钟。
- 中级：2 ～ 5 分钟。
- 高级：3 ～ 7 分钟。

热暴露

本节重点介绍热应激对呼吸、力量和恢复的益处。虽然受控的热暴露会对运动表现有益，但许多运动员无法获得热资源。

什么是热暴露？

热暴露就是你有意把自己暴露于高温环境中。本节重点介绍桑拿浴的热暴露。其他热源可能包括热水浴缸、蒸汽房和取暖包，本书重点介绍桑拿浴。与冷暴露相比，热暴露可能存在更大的危险，因此在热暴露中，适用于冷暴露的原则——"哇，我想退出这个体验，但我可以安全地待在这里"——已经做了调整。在热暴露期间，你应该感到轻松，不过一旦呼吸变得困难，开始感到过度紧张或焦虑，就应该停止。如果你有晕厥的感觉或感到幽闭恐惧，那么意味着你的热暴露时间已经太长，热暴露不再安全。

热暴露是如何起作用的？

在受控环境下，体验热暴露的方法有限，因此本书专注于桑拿浴（见下图）。桑拿浴已有数千年的历史，至今仍然受到重视。许多文化都利用热源来帮

助人们放松、保持健康和解压。桑拿浴的过程可以模拟运动：心率增加、身体出汗、神经系统受到轻微影响。桑拿浴暴露可以增加受伤肌肉的血流，并加强心脏组织。本节探讨了 3 种类型的桑拿浴热暴露。

木柴燃烧桑拿

木柴燃烧桑拿是最古老的版本，至今仍在使用。许多人因其原汁原味的体验而被吸引。热量是自然产生的，火光在桑拿室内营造了宁静的氛围，点亮了房间，还带来了木头燃烧时的令人放松的声音和独特的气味。这种类型的桑拿为心灵提供了宁静的体验。木柴燃烧的热量密集而厚重。这种桑拿需要足够通风，以便将空气引入桑拿室，使空气清洁。当水泼在桑拿炉上的石块上时，会产生蒸汽。这会提高桑拿浴的热度并增强体验。典型的木柴燃烧桑拿的温度为 71 ～ 102℃。温度取决于使用的木材量。

电热桑拿

电热桑拿是最常见且最便利的热源。大多数电热桑拿是干燥的，无法产生蒸汽；但是，它们可以达到与木柴燃烧桑拿相同的温度：71 ～ 102℃。如果可能，寻找一种可以产生蒸汽的电热桑拿，这将模仿传统的木柴燃烧桑拿并加强你的体验。

红外线桑拿

红外线桑拿是最现代化的桑拿，已经在运动中变得流行起来。红外线桑拿与木柴燃烧和电热桑拿之间的主要区别是最高温度。红外线桑拿的温度可达到 49 ～ 60℃，它使用光源产生热量。

烟熏桑拿

没有哪个国家比芬兰更热爱桑拿浴了。这个不到 600 万人口的国家拥有大约 300 万个桑拿房。而其最悠久的桑拿传统就是烟熏桑拿（芬兰语中称为其"savusauna"）。普通的木柴燃烧桑拿使用烟囱排出烟雾，而烟熏桑拿没有烟囱。相反，一个木柴燃烧的炉子将房间充满烟雾，然后将火熄灭，房间进行通风，剩余的热量在桑拿浴期间保持着浴者的温暖。

桑拿浴鉴赏家们对烟熏桑拿赞誉有加。这种热量是湿润的，蒸汽从炉子上升腾，房间弥漫着烟雾和桦树叶的香气。在桑拿浴期间，洗浴者通常使用被称为"桑拿扫"的树枝束轻轻拍打其他洗浴者。这有助于促进血液循环、清洁皮肤，并改善整体健康。

无法前往芬兰？烟熏桑拿正在世界其他地方兴起。

现在你已经知道有 3 种主要类型的桑拿，那么问题是：哪种最好？使用桑拿引入热应激的目的是挑战你的呼吸。红外线桑拿的较低温度不足以产生足够的压力来迫使你控制呼吸。尽管红外线桑拿是恢复和放松的好工具，但它们不足以让你产生足够的压力来获得生理和心理上的益处。电热桑拿或木柴燃烧桑拿通过让身体释放去甲肾上腺素和提高心率来推动心理和身体适应。由于在更高的热量下身体产生的肾上腺素迫使你专注于呼吸以保持冷静，这些桑拿会与冷刺激产生相同的训练效果。就像冷水淋浴很好，但冷水浸泡更好一样，红外线桑拿是个不错的选择，但电热桑拿或木柴燃烧桑拿更胜一筹。

热暴露的好处是什么？

通过使用桑拿进行热暴露，为运动员提供了多种有利于恢复、体力和脑力的益处，其中包括以下几点。

- 提高整体健康水平，延长寿命。
- 提高心理耐力、专注力和注意力。
- 减轻焦虑，缓解慢性疲劳。
- 减轻一般性炎症。
- 改善心血管健康。
- 改善血压。

拥有生物医学科学博士学位的朗达·帕特里克（Rhonda Patrick）是一位健康研究员，专注于研究频繁桑拿。帕特里克博士的研究成果产生了许多发现，并提供了有效桑拿暴露的具体方案。例如，每周进行 4 ～ 7 次 78.8℃下持续 20 分钟的桑拿，可以使患致命心脏病的风险降低 50%，猝死的风险降低 60%，中风的风险降低 51%。此外，单次桑拿可以降低血压并改善心率变异性。其他研究发现，每周进行 2 ～ 3 次桑拿与全因死亡率降低 24% 相关。每周进行 4 ～ 7 次桑拿与全因死亡率降低 40% 相关（Laukkanen et al., 2015）。

　　受控的热应激还可以通过触发释放热休克蛋白来防止肌肉流失，这些蛋白可以消除自由基，促使产生抗氧化剂，并修复肌肉中的受损蛋白质。桑拿还可以增加骨骼肌的血液流动，血液流动会为骨骼肌提供葡萄糖、氨基酸和氧气，同时清除乳酸和钙离子等代谢产物。

热暴露的安全问题是什么？

　　在暴露于热压力源下时，你必须尊重热量。在使用桑拿进行训练或恢复之前，请向医生咨询，确保了解你的身体能够承受的热应激程度。正如你的身体必须适应冷暴露并逐步适应更长时间和更低的温度一样，在热暴露过程中也会经历类似的过程。在桑拿中，很少发生心脏病发作或猝死事件，但患有冠心病或曾经发作过心脏病的人必须在桑拿之前接受监测和获得批准。桑拿可能对心脏造成压力，对身体也会造成负担，因为它模拟了中、高强度的训练。

　　如果你在任何时候感觉不适、恶心或感觉可能会晕倒，请立即离开桑拿房。你也可能出现脱水症状，在这种情况下，桑拿会影响运动表现。

热暴露练习

　　桑拿应仅作为一种提高运动表现的工具使用，也就是说，在桑拿结束后，你应该感到轻松和焕发活力。你还会注意到桑拿结束后你有更好的有氧能力、持久的能量和较低的呼吸频率。

　　在开始实施桑拿热暴露方案之前，你应该了解以下事项。

　　·男性应脱掉上衣，穿运动短裤，女性应穿运动内衣和运动短裤。

　　·使用桑拿前后都要称体重。不应在一次桑拿中失去超过 1.4 千克的体重。如果减轻的体重超过这个范围，你可能已经脱水，应立即在桑拿结束后喝水，并在接下来的几小时内补水。

　　·在正常静息心率状态下进行桑拿（第 5 章解释了如何确定你的静息心率）。请在桑拿时监测你的心率。热暴露会模仿有氧运动并提高心率。如果在恢复日，应在桑拿中保持较低的心率。如果在训练日，处于热环境中可以使心率翻倍。例如，如果你的静息心率是每分钟 60 次，那么在桑拿结束时，心率可能会增加到每分钟 120 次。

·一旦走出桑拿房，坐 5 ～ 10 分钟，通过用鼻子缓慢呼吸以恢复正常心率。

桑拿：仅热暴露

进入桑拿房前不需要特定的准备。与冷暴露需要进行的呼吸技巧不同，进入桑拿房之前无须进行呼吸练习。以自然的姿势坐下，保持健康的呼吸，集中注意力适应高温环境。专注于通过缓慢的鼻呼吸，并利用这些时间作为一种冥想和放松的形式。在桑拿中，你可以进行任何前几章介绍的促进放松、强化膈肌或扩张胸廓的呼吸练习。在进行这些练习时，要保持低压力的状态。呼吸应该保持缓慢和有控制力，吸气和呼气之间保持短暂的暂停。不要在桑拿中进行会使心率升高的快速呼吸或延长呼吸暂停的呼吸练习。除此之外，在桑拿房中，只需要静静地坐着直到出汗即可。

桑拿的使用分为不同轮次。在你进行剧烈训练或比赛的日子里，完成 1 ～ 2 轮（通常是 1 轮），在较轻的训练或恢复日完成 2 ～ 3 轮（通常是 2 轮较长的轮次）。以下是相应的指南和时间范围。

·初学者：71 ～ 79.4℃，每次 12 ～ 18 分钟。

·中级：79.4 ～ 90.5℃，每次 15 ～ 20 分钟。

·高级：79.4 ～ 90.5℃，每次 17 ～ 25 分钟。

桑拿：热与冷对比

"火与冰"是对从桑拿的高温环境到冷水的冷暴露环境进行对比训练的一个恰当描述。当身体暴露于高温环境时，便是置于"火"中；当身体暴露于寒冷环境时，便如同置于"冰"中。在桑拿的高温环境中，血液循环加快，血液迅速流向身体表面，血管和毛细血管扩张，试图降温。在寒冷环境中，血管收缩，血液迅速远离皮肤，流向内脏器官。随着这些变化，你将注意到温度的变化通过热的扩张和冷的收缩来加速你的血液循环。你应该在寒冷环境中感受到肾上腺素飙升，在热环境中感到一种平静。这有助于将细胞分解的代谢产物从肌肉排出，并进入体内的淋巴系统来加速恢复。在对比训练期间，热刺激最初是放松的，会使你出汗，而随后寒冷的初始冲击会让你提高呼吸频率，因为你的身体开始进入"战斗或逃跑"的过程。在高温中，你的呼吸开始变慢（就像乌龟一样），等待身体开始扩张血管。身体对这两种类型的应激反应差异有助于加深对它们的理解。

"火与冰"训练前

在进行火与冰训练前，坐下或躺下，进行 10 分钟有节奏的鼻呼吸：吸气 5 秒，呼气 5 秒，在每次吸气和呼气后都有一个自然的停顿。在进行 10 分钟的节奏呼吸后，进行 3 轮维姆·霍夫呼吸（见第 162 页）。进行 3 次呼吸停顿后，再进行 3 ~ 5 分钟有节奏的呼吸，然后进入桑拿房。这会让你的头脑有所准备，以专注的状态和少量肾上腺素进入训练刺激。

理想情况下，有 3 个不同温度的环境供你选择：高温、室温和冷水。室温环境是你在进行桑拿或冷水浴后进行恢复的地方。大多数健康俱乐部和健身房在桑拿和冷水之间都有一个室温的空间。如果在户外训练，你需要在桑拿和冷水浴之间有一个安全温度的房屋或帐篷。安全温度通常是室温的温度。"火与冰"中使用的冷暴露是全身浸泡，因此你需要一个容量为 378 ~ 568 升的浴缸或一个天然的冷水区域。如果没有全身浸泡的条件，你可以在桑拿轮次之间使用淋浴或桶装冷水；然而，没有针对这个的特定方案。

火与冰的训练方案

在进行火与冰的训练时，首先进入桑拿房，然后在冷水中结束。在桑拿中，通过鼻腔缓慢而柔和地呼吸。当你从桑拿过渡到冷水之前，花 3 分钟让心率自然降低。在冷水中，通过选择适合你对寒冷的耐受力的"挡位"（见第 183 页）来控制呼吸。在水中停留所需时间并以以下速率呼吸：吸气 4 秒，停顿 2 秒，呼气 7 秒。

一般方案

在火与冰的一般方案时，请使用第 192 页列出的桑拿温度。如果你是初学者，在采用中级方案之前，只进行一轮完整的练习，并感受火与冰带来的感觉。中级和高级方案使用多个轮次。你不需要在每次训练中完成多于 1 轮，但应遵循每轮的时间指导方针。以下是指南。

- 初学者：1 轮，12 ～ 18 分钟的热暴露，30 ～ 60 秒的冷暴露。
- 中级：1 或 2 轮，15 ～ 20 分钟的热暴露，2 ～ 3 分钟的冷暴露。
- 高级：1 ～ 3 轮，17 ～ 25 分钟的热暴露，3 ～ 5 分钟的冷暴露。

这些指南给出的是一个范围。如果你感觉良好，请使用第二个数字作为目标；如果你感到有压力，请减少练习轮次或将第一个数字作为目标；如果你感到压力过大或不安全，请立即停止训练，进入室温区域。

无特定方案

桑拿时光网的创始人格伦·奥尔巴克（Glenn Auerbach）支持进行无特定方案的火与冰轮次练习，而专注于通过保持缓慢的鼻呼吸来控制思维、情绪和身体能力。如果你对高温或低温的耐受力较低，可以通过口腔进行高挡位呼吸练习。设定一个目标，经常引入压力以适应，直到你能够完全通过鼻呼吸来控制呼吸。这表明你的能力已经提高。

瑟伯格（Søberg）原则方案

《冬泳》（*Winter Swimming*）一书的作者苏珊娜·瑟伯格（Susanna Søberg）博士提出了瑟伯格原则，根据该原则，你应该始终在寒冷环境结束对比训练，并且始终进行自然热身。瑟伯格博士领导了一项研究，发现在寒冷和热之间来回进行对比训练会带来极大的益处。根据该研究，理想的暴露时间是每周 57 分钟的热暴露和 11 分钟的冷暴露（Søberg et al.，2021）。这些结果启发了本节中提供的方案，这些方案与该研究中使用的方案类似。

方案 1

该方案包括每周 3 次，每次进行一轮 20 分钟的热暴露和 4 分钟的冷暴露。结合轻到中度的有氧训练或力量训练以获得全面益处。在休息日，进行 3 ~ 4 轮持续的维姆·霍夫呼吸，随后进行冥想和一轮火与冰练习，也可作为低压力刺激，模拟轻度训练或作为恢复方式使用。

方案 2

该方案包括两轮。第一轮为 20 分钟的热暴露和 3 分钟的冷暴露，第二轮为 15 分钟的热暴露和两分钟的冷暴露。此方案可以每周进行两次，结合轻度运动或轻度有氧训练，以获得全面益处。将这个顺序与瑜伽相结合是更好的选择。

方案 3

该方案包括 3 轮，每轮为 20 分钟的热暴露和 4 分钟的冷暴露。该方案可以每周进行一次，以获得全面益处。在休息日进行 3 轮火与冰练习，或者在轻度有氧训练的日子进行补充。

冷热对比训练后

在进行完所有冷热对比训练后，坐下或躺下，进行 10 分钟的静心冥想。利用这段时间使身体进入副交感神经状态，并减慢呼吸频率。这有助于促进适应过程，并帮助你在训练结束后进行心理转换。使用第 156 页的交替鼻腔呼吸练习恢复到稳态。从左鼻孔进行呼吸开始和结束。这有助于激活副交感神经系统并降低血压。它还能帮助你在冷热对比练习后进入冥想和创造性思维空间。由于在冷和热之间来回切换会对神经系统产生压力，因此体验后需要让呼吸得到恢复。

当在早晨或下午使用冷热对比训练时，完成最后一轮训练后，让身体自然回暖。如果在晚上并距离入睡不到两小时内进行训练，最后一轮结束时是冷环境，可使用温水，最好是淋浴，来加热身体。这样可以避免训练后数小时内身体不会过热，并且会让你在入睡时消除兴奋感。

冷热对比训练是一种在许多文化中广泛应用的古老练习。使用这里提供的方案和指导，支持你的个人旅程，并让冷热训练帮助你更加关注呼吸，从而在身体和心理层面提高整体运动表现。

参考文献 *

第 1 章

Allen, R. 2015. "The Health Benefits of Nose Breathing." *Nursing in General Practice*. July 6, 2015.

Blume, C., C. Garbazza, and M. Spitschan. 2019. "Effects of Light on Human Circadian Rhythms, Sleep, And Mood." *Somnologie* (Berl) 23(3): 147-156.

Born, J., K. Hansen, L. Marshall, M. Mölle, and H.L. Fehm, 1999. "Timing the End of Nocturnal Sleep." *Nature* 397: 29-30.

Catlin, G. 1882, 2018 reprinted. *Shut Your Mouth and Save Your Life*. London, England: Forgotten Books.

Ehrlich, P.R., and D.T. Blumstein. 2018. "The Great Mismatch." *BioScience* 68(11): 844-86.

Elsevier. "Photosynthesis Originated a Billion Years Earlier Than We Thought, Study Shows."*ScienceDaily*, March 6, 2018.

Harvold, E.P., B.S. Tomer, K. Vargervik, and G. Chierici. 1981. "Primate Experiments on Oral Respiration." *American Journal of Orthodontics and Dentofacial Orthopedics* 79(4): 359-72.

Hsia, C.C.W., A. Schmitz, P. Lambertz, S.F. Perry, and J.N. Maina. 2013. "Evolution of Air Breathing: Oxygen Homeostasis and the Transitions From Water to Land and Sky." *Comprehensive Physiology* 3(2).

Jerath, R., C. Beveridge, and V.A. Barnes. 2018. "Self-Regulation of Breathing as an Adjunctive Treatment of Insomnia." *Frontiers in Psychiatry* 9: 780.

Kahn, S., and P. Ehrlich. 2018. *Jaws: The Hidden Epidemic*. Stanford, CA: Stanford University Press.

Kahn, S., P. Ehrlich, M. Feldman, R. Sapolsky, and S. Wong. 2020. "The Jaw Epidemic: Recognition, Origins, Cures, and Prevention." *BioScience* 70(9): 759-771.

Karolinska Institute. 2017. "High Risk of Injury in Young Elite Athletes." *ScienceDaily* October 18. 2017.

Kubota, T. 2018. "Stanford's Paul Erlich on the Problems of the Modern Jaw." *Stanford News,* April 10, 2018.

Mayo Clinic. n.d. "Symptoms: Shortness of Breath." Accessed April 19, 2022.

Raupach, T., F. Bahr, P. Herrmann, L. Luethje, K. Heusser, G. Hasenfuss, L. Bernardi, and S. Andreas. 2008. "Slow Breathing Reduces Sympathoexcitation in COPD." *European Respiratory Journal* 32: 387-392.

Sapolsky, R. 2017. *Behave: The Biology of Humans at Our Best and Worst*. New York, NY: Penguin Publishing Group.

Shwartz, M. 2007. "Robert Sapolsky Discusses Physiological Effects of Stress." *Stanford News*, March 7, 2007.

---

* 参考文献保留原书格式。

Wertheim, J.L. 2021. "Tom Brady Wins the 2021 *Sports Illustrated* Sportsperson of the Year." *Sports Illustrated*, December 15-16, 2021.

第 2 章

Fallis, J. 2021. "How to Stimulate Your Vagus Nerve for Better Mental Health." *Optimal Living Dynamics*. December 24, 2021.

Kia'i, N. and Bajaj, T. 2022. "Histology, Respiratory Epithelium." StatPearls January 2022.

Lundberg, J.O., T. Farkas-Szallasi, E. Weitzberg, J. Rinder, J. Lidholm, A. Anggård, T. Hökfelt, J.M. Lundberg, and K. Alving. 1995. "High Nitric Oxide Production in Human Paranasal Sinuses." *Nature Medicine* 1(4): 370-373.

Maniscalco, M., E. Weitzberg, J. Sundberg, M. Sofia, and J.O. Lundberg. 2003. "Assessment of Nasal and Sinus Nitric Oxide Output Using Single-Breath Humming Exhalations." *European Respiratory Journal* 22(2): 323-329.

Srivashtqava, N. 2016. "Breathing Part 3 – The 4 Diaphragms" *Yoga Anatomy,* June 12, 2016.

Zaidi, A.A., B.C. Mattern, P. Claes, B. McEcoy, C. Hughes, and M.D. Shriver. 2017. "Investigating the Case Of Human Nose Shape And Climate Adaptation." *PLOS Genetics.* March 16, 2017.

第 3 章

Bassett Jr, D.R. 2002. "Scientific Contributions of A.V. Hill: Exercise Physiology Pioneer." *Journal of Applied Physiology* Nov. 1, 2002.

Benner, A., A.K. Patel, K. Singh, and A. Dua. 2022. "Physiology, Bohr Effect." StatPearls August 2022.

Bernardi, L., Gabutti, A., Porta, C., and Spicuzza, L. "Slow Breathing Reduces Chemoreflex Response to Hypoxia and Hypercapnia, and increases Baroreflex Sensitivity." *Journal of Hypertension* 19, no. 12 (2001): 2221-2229.

Bernardi, L., Schneider, A., Pomidori, L., Paoluccie, E., and Cogo, A. "Hypoxic Ventilatory Response in Successful Extreme Altitude Climbers." *European Respiratory Journal* 27, no. 1 (2006): 165-171.

Bernardi, L., Sleight, P., Bandinelli, G., Cencetti, S., Fattorini, L., Wdowczycszulc, J., and Lagi, A. "Effect of Rosary Prayer and Yoga Mantras on Autonomic Cardiovascular Rhythms: A Comparative Study." Health Module, *British Medicial Journal* 323, no. 7327(2001): 1446.

Bradley, H. and Esformes, J. 2014. "Breathing Pattern Disorders and Functional Movement." *International Journal of Sports Physical Therapy* 9(1): 28-39.

Brinkman, J.E., F. Toro, and S. Sharma. 2022. "Physiology, Respiratory Drive." StatPearls June 2022.

Brown, R.P., and Gerbarg, P.L. *The Healing Power of the Breath*. Shambhala, 2012.

CK-12 Foundation. 2021. "Anaerobic and Aerobic Respiration." Last modified March 5, 2021.

Cummins, E.P., M.J. Strowitzki, and C.T. Taylor. 2019. "Mechanisms and Consequences of Oxygen and Carbon Dioxide Sensing in Mammals" *Physiological Reviews* December 9, 2019.

Dallam, G.M., S.R. McClaran, D.G. Cox, and Carol P. Foust 2018. "Effect of Nasal Versus Oral Breathing on Vo2max and Physiological Economy in Recreational Runners Following an Extended Period Spent Using Nasally Restricted Breathing." *International Journal of*

Kinesiology & Sports Science 6(2).

Doyle, J., and J.S. Cooper. 2022. "Physiology, Carbon Dioxide Transport." StatPearls July 2022.

Fornasier-Santos C., G.P. Millet, and X. Woorons. 2018. "Repeated-Sprint Training in Hypoxia Induced by Voluntary Hypoventilation Improves Running Repeated-Sprint Ability in Rugby Players." *European Journal of Sport Science* May;18(4): 504-512.

Hamilton, A. 2022. "Endurance Performance: Choosing High-Intensity Training Wisely." *Sports Performance Bulletin.* Accessed June 24, 2022.

Hurst, J.H. 2016. "William Kaelin, Peter Ratcliffe, and Gregg Semenza Receive the 2016 Albert Lasker Basic Medical Research Award." *Journal of Clinical Investigation* 126(10): 3628-3638.

Litchfield, P.M. 2006. "Good Breathing, Bad Breathing: Breathing Is Behavior, a Unique Behavior That Regulates Body Chemistry, pH."

McKeown, P. *The Breathing Cure: Develop New Habits for a Healthier, Happier, and Longer Life.* 2021. Humanix Books: New York, NY.

McKeown, P. *The Oxygen Advantage: Simple, Scientifically Proven Breathing Techniques to Help You Become Healthier, Slimmer, Faster, and Fitter.* 2016. William Morrow Paperbacks: New York, NY.

Melkonian, E.A, and M.P. Schury. 2022. "Biochemistry, Anaerobic Glycolysis." StatPearls August 2022.

Nobel Prize. 2019. "The Nobel Prize in Physiology or Medicine 2019." Nobel Prize press release, October 7, 2019.

Panasevich, J. *Nasal Breathing: The Secret to Optimal Fitness.* U.S. News. September 7, 2020.

Patel, S., J.H. Miao, E. Yetiskul E, et al. 2022. "Physiology, Carbon Dioxide Retention." StatPearls January 2022.

Rajneesh, R. 2020. "What Happens When You Hold Your Breath?" The Ohio State University Wexner Medical Center. September 15, 2020.

Singh, U.P. 2017. "Evidence-Based Role of Hypercapnia and Exhalation Phase in Vagus Nerve Stimulation: Insights into Hypercapnic Yoga Breathing Exercises." *Journal of Yoga and Physical Therapy* 7: 3.

Trincat L., X. Woorons, and G.P. Millet. 2017. "Repeated-Sprint Training in Hypoxia Induced by Voluntary Hypoventilation in Swimming." *International Journal of Sports Physiology and Performance* 12(3): 329-335.

Woorons, X., P. Mucci, J. Aucouturier, A. Anthierens, and G.P. Millet. 2017. "Acute Effects of Repeated Cycling Sprints in Hypoxia Induced by Voluntary Hypoventilation." *European Journal of Applied Physiology* 117(12): 2433-2443.

第 4 章

Biskamp, J., M. Bartos, and J.F. Sauer. 2017. "Organization of Prefrontal Network Activity by Respiration-Related Oscillations." *Scientific Reports* March 28,7: 45508.

Brown, R., and P. Gerbarg. 2005. "Sudarshan Kriya Yogic Breathing in the Treatment of Stress, Anxiety, and Depression: Part I - Neurophysiological Model." *Journal of Alternative and Complementary Medicine* 11(1): 189-201.

Cacioppo, J., S. Cacioppo, and J. Gollan. 2014. "The Negativity Bias: Conceptualization, Quantification, and Individual Differences." *Behavioral and Brain Sciences* 37(3): 309-310.

Chen, L., A. Becket, A. Verma, and D.A. Feinberg. 2015. "Dynamics of Respiratory and Cardiac CSF Motion Revealed With Real-Time Simultaneous Multi-Slice EPI Velocity Phase Contrast Imaging." *Neuroimage* 122: 281-287.

Delaidelli, A., and A. Moiraghi. 2017. "Respiration: A New Mechanism for CSF Circulation?" *Journal of Neuroscience* 37(30): 7076-7078.

Dreha-Kulaczewski, S., A. Joseph, K.-D. Merboldt, H.-C. Ludwig, J. Gärtner, and J. Frahm. 2015. "Inspiration Is the Major Regulator of Human CSF Flow." *Journal of Neuroscience Research* 35: 2485-2491.

Dreha-Kulaczewski, S., A. Joseph, K.-D. Merboldt, H.-C. Ludwig, J. Gärtner, and J. Frahm. 2017. "Identification of the Upward Movement of Human CSF in Vivo and Its Relation to the Brain Venous System." *Journal of Neuroscience Research* 37: 2395-2402.

Heck, D.H., S.S. McAfee, Y. Liu, A. Babajani-Feremi, R. Rezaie, W.J. Freeman, J.W. Wheless et al. 2016. "Breathing as a Fundamental Rhythm of Brain Function." *Frontiers in Neural Circuits* 10: 115.

Herrero, J.L., S. Khuvis, E. Yeagle, M. Cerf, and A.D. Mehta. 2018. "Breathing Above the Brain Stem: Volitional Control and Attentional Modulation in Humans." *Journal of Neurophysiology* 119(1): 145-159.

Homma, I., and Y. Masaoka. 2008. "Breathing Rhythms and Emotions." *Experimental Physiology* 93(9): 1011-1021.

Jung, J.-Y., and C.-K. Kang. 2021. "Investigation on the Effect of Oral Breathing on Cognitive Activity Using Functional Brain Imaging." *Healthcare* 9(6): 645.

Karavidas, M.K., P.M. Lehrer, E. Vaschillo, B. Vaschillo, H. Marin, S. Buyske, I. Malinovsky, D. Radvanski, and A. Hassett. 2007. "Preliminary Results of an Open-Label Study of Heart Rate Variability Biofeedback for the Treatment of Major Depression." *Applied Psychophysiology and Biofeedback* 32: 19-30.

Lippi, G., M. Franchini, G.L. Salvagno, and G.C. Guidi. 2006. "Biochemistry, Physiology, and Complications of Blood Doping: Facts and Speculation." *Critical Reviews in Clinical Laboratory Sciences* 43(4): 349-91.

Reynolds, B. "There's A Lot of Uncertainty Right Now – This Is What Science Says That Does to Our Minds, Bodies." University of California San Francisco. November 1, 2020.

Robert Sapolsky Rocks. n.d. "Limbic System."

Varga, S. and D.H. Heck. 2017. "Rhythms of the Body, Rhythms of the Brain: Respiration, Neural Oscillations, and Embodied Cognition." *Consciousness and Cognition* 56: 77-90.

Walsh, C. "What the Nose Knows." *The Harvard Gazette*. February 27, 2020.

Zelano, C., H. Jiang, G. Zhou, N. Arora, S. Schuele, J. Rosenow, and J.A. Gottfried. 2016. "Nasal Respiration Entrains Human Limbic Oscillations and Modulates Cognitive Function." *Journal of Neuroscience* 36(49): 12448-12467.

第 5 章

Bellemare, F., A. Jeanneret, and J. Couture. 2003. "Sex Differences in Thoracic Dimensions and Configuration." *American Journal of Respiratory and Critical Care Medicine* 168(3):305-12.

Delgado, B.J., and T. Bajaj. 2021. "Physiology, Lung Capacity." StatPearls.

Hallett, S., F. Toro, and J.V. Ashurst. 2022. "Physiology, Tidal Volume." StatPearls.

Hamilton, L. 2019. *Liferider: Heart, Body, Soul, and Life Beyond the Ocean.* Rodale Books:

Emmaus, PA.

Kaufman, K. n.d. "Understanding Student Burnout." NCAA Sport Science Institute.

Lazovic-Popovic, B., M. Zlatkovic-Svenda, T. Durmic, M. Djelic, S. Djordjevic Saranovic, and V. Zugic, 2016. "Superior Lung Capacity in Swimmers: Some Questions, More Answers!" *Revista Portuguesa de Pneumologia* (English Edition) 22(3): 151-156.

Nicolò, A., C. Massaroni, E. Schena, and M. Sacchetti. 2020. "The Importance of Respiratory Rate Monitoring: From Healthcare to Sport and Exercise." *Sensors* (Basel) 20(21): 6396.

Ontario Science Center. n.d. "Science at Home: Measuring Vital Capacity."

Ranu, H., M. Wilde, and B. Madden. 2011. "Pulmonary Function Tests." *Ulster Medical Journal* 80(2): 84-90.

Schünemann, H.J., J. Dorn, B.J. Grant, W. Winkelstein Jr., and M. Trevisan. 2000. "Pulmonary Function Is a Long-Term Predictor of Mortality in the General Population: 29-Year Follow-Up of the Buffalo Health Study." *Chest* 118(3): 656-64.

Sharma, G., and J. Goodwin. 2006. "Effect of Aging on Respiratory System Physiology and Immunology." *Clinical Interventions in Aging* 1(3): 253-60.

Skow, R., T.A. Day, J.E. Fuller, C.D. Bruce, and C.D. Steinback. 2015. "The Ins and Outs of Breath Holding: Simple Demonstrations of Complex Respiratory Physiology." *Advances in Physiology Education* September 1, 2015.

UKEssays. 2018. "Respiration Values of Athletes vs Non Athletes." November 2018.

Vranich, B. 2020. *Breathing for Warriors: Master Your Breath to Unlock More Strength, Greater Endurance, Sharper Precision, Faster Recovery, and an Unshakable Inner Game.* St. Martin's Essentials.

第 6 章

Alkan, N., and T. Akis. 2013. "Psychological Characteristics of Free Diving Athletes: A Comparative Study." *International Journal of Humanities and Social Science* 3(15): 150-157.

Andersson, J.P.A., M.H. Linér, and H. Jönsson. 2009. "Increased Serum Levels of the Brain Damage Marker S100B After Apnea in Trained Breath-Hold Divers: A Study Including Respiratory and Cardiovascular Observations." *Journal of Applied Physiology* 107(3): 809-815.

Cowie, R.L., D.P. Conley, M.F. Underwood, and P.G. Reader. 2008. "A Randomised Controlled Trial of the Buteyko Technique as an Adjunct To Conventional Management of Asthma." *Respiratory Medicine* 102(5): 726-632.

Lynch, K. 2013. "Stig Severinson Sets World Record Double With Pair of Daring Freedives Beneath the Ice." Guinness World Records October 16, 2013.

第 8 章

Earthing Institute. n.d. "What Is Earthing." Jovanov, E. 2005. "On Spectral Analysis of Heart Rate Variability during Very Slow Yogic Breathing." IEEE Engineering in Medicine and Biology 27th Annual Conference pp. 2467-2470.

MacCormick, H. 2020. "How Stress Affects Your Brain and How to Reverse It." *Scope 10K*, Published by Stanford Medicine October 7, 2020.

Miller, T., and L. Nielsen. 2015. "Measure of Significance of Holotropic Breathwork in the

Development of Self-Awareness." *The Journal of Alternative and Complementary Medicine* 21(12).

Sharma, V.K., M. Trakroo, V. Subramaniam, M. Rajajeyakumar, A.B. Bhavanani, and A. Sahai. 2013. "Effect of Fast and Slow Pranayama on Perceived Stress and Cardiovascular Parameters in Young Health-Care Students." *International Journal of Yoga* 6(2): 104-110.

第 9 章

Cheung, S.S. 2015. "Responses of the Hands and Feet to Cold Exposure." *Temperature* 2(1):105-120.

Easter, M. 2021. *The Comfort Crisis.* Rodale Books: Emmaus, PA.

Godek, D., and A.M. Freeman. 2021. "Physiology, Diving Reflex." StatPearls January 2022.

Kox, M., L.T. van Eijk, J. Zwaag, J. van den Wildenberg, F.C. Sweep, J.G. van der Hoeven, and P. Pickkers. 2014. "Voluntary Activation of the Sympathetic Nervous System and Attenuation of the Innate Immune Response in Humans." *Proceedings of the National Academy of Sciences of the United States of America* 111(20): 7379-7384.

Laukkanen T., H. Khan, F. Zaccardi, and J.A. Laukkanen. "Association Between Sauna Bathing and Fatal Cardiovascular and All-Cause Mortality Events." *JAMA Intern Med.* 2015;175(4):542–548.

Laukkanen, J.A., T. Laukkanen, and S.K. Kunutsor. 2018. "Cardiovascular and Other Health Benefits of Sauna Bathing: A Review of the Evidence." *Mayo Clinic Proceedings* 93(8): 1111-1121.

Mayo Clinic. n.d. "Cold Urticaria: Symptoms and Causes." Accessed October 13, 2022.

Søberg, S., J. Löfgren, F.E. Philipsen, M. Jensen, A.E. Hansen, E. Ahrens, K.B. Nystrup, et al. 2021. "Altered Brown Fat Thermoregulation and Enhanced Cold-Induced Thermogenesis in Young, Healthy, Winter-Swimming Men." *Cell Reports Medicine* October 11, 2021.

Wim Hof Method. n.d. "The Science Behind the Wim Hof Method." Accessed October 13, 2022.

关于作者

哈维·马丁（Harvey Martin） 创建了"坚强心灵项目"（The MindStrong Project），自 2017 年以来，他在该项目中培训了一些世界顶尖的运动员和商业高管，帮助他们实现巅峰表现。自 2015 年起，他与密尔沃基酿酒人队（Milwaukee Brewers）组织的球员发展团队合作，专门为来自美国全国大学体育协会（NCAA）、奥运会、美国职业棒球大联盟（MLB）、美国职业冰球联盟（NHL）和 NFL 的业余和职业运动员提供力量和体能训练，以及康复和心理表现方面的培训。他于 2013 年开始为大学提供咨询服务，并最终在全美各地的大学体育层面进行教学。在此期间，他帮助培养了超过 1000 名学生运动员和教练的文化和巅峰表现习惯。除了运动领域，哈维还为《财富》100 强公司举办演讲和研讨会，介绍如何通过呼吸和心态优化人类表现，以及如何培养巅峰表现习惯。近年来，哈维成为旧金山巨人队的呼吸专家，在 2021 年，该队以单赛季 107 胜的纪录创下了球队历史最高纪录。目前，哈维是旧金山巨人队的人类表现教练。

哈维在中央密歇根大学（2008—2011）期间是一名一级运动员，获得了学士学位。他在明尼苏达州立大学曼凯托分校完成了他的运动生涯（2012—2013），同时获得了硕士学位，并参与教授课程，如教练理论、力量与体能训练和团队技能。作为一名运动员，哈维是两届全美选手，并被评为美国全国年度最佳投手，随后于 2013 年签约加盟密尔沃基酿酒人队，开始其职业棒球生涯。

关于译者

汪敏加，成都体育学院运动医学与健康学院教授、硕士研究生导师，副主任康复治疗师，北京体育大学博士，北京体育大学与成都体育学院附属体育医院联合培养博士后；中华医学会运动医疗分会第五届委员会医务监督与促进健康学组成员，中国残疾人康复协会残疾人体育与健康专业委员会常务委员，四川省康复医学会康复教育分会青年委员会主任委员、第二届康复教育分会常务委员，四川省医学会物理医学与康复专业委员会第三届青年委员会副主任委员兼秘书；美国运动医学会认证生理师（ACSM-EPC）；主持、参与多个国家队、省队的运动伤病防治与康复保障项目；参编、参译图书 10 余本，主持、参与国家级、省部级等科研课题 12 项，在 SCI 收录期刊和核心期刊发表学术论文 20 余篇；主要研究方向为女性康复与健康、运动损伤与肌骨康复。

罗山娇，韩国世翰大学（Sehan University）物理治疗学科在读博士研究生；拥有丰富的理论与实践工作经验，有自己独立的运动健康工作室并在多家企业和事业单位担任运动与健康顾问、培训导师等长达十余年；2017 年至 2020 年，先后通过了美国运动医学会（ACSM）运动生理师（EP）、"运动即良医"（EIM）、团体运动指导师（GEI）认证，和美国运动委员会（ACE）医疗运动专家（CMES）认证、德国医学运动康复师（MTT）认证、国家二级心理咨询师认证等，还成为由牛津大学与 Peak Sporting Performance 联合颁发的 Bodymaster Method® Practitioner 中国首位认证专业人员，及 ACSM 大中华区认证私人教练（CPT）首批认证导师。